全景百科·学生版

令孩子着迷的 100 种科学知识

畲田 编著

陕西新华出版传媒集团
陕西科学技术出版社
——— 西安 ———

比陆地宽阔的是大海；
比大海宽阔的是天空；
比天空更为浩瀚的是
无穷的知识；
来吧！让我们一起去
畅游知识的海洋。
　　　——改自维克多·雨果

前言 *Foreword*

人类文明发展到今天,科学与技术早已高度发达。一个国家的发展,与科学技术的发展息息相关。我们的生活更是与科学技术密不可分,在我们的身边,小到手表、电灯,大到航天飞机、人造卫星,这一切都是科学技术发展所带来的结果。人类历史上已经发生了多次科学革命,每一次革命对人类文明的进程都有着广泛而深刻的影响。由此可见,科学已经深入到了我们每一个人的生活之中,发挥着不可取代的作用,但是那份对科学最原始的好奇心依然燃烧着人们了解科学的渴望。而处在学习阶段的青少年朋友更是有着很强的求知欲,尤其在社会高速发展的今天,我们就更需要用科学技术来武装自己的头脑。

本书中所讲述的科学百科知识,直观而又生动地介绍了当今主要科学领域中的自然科学、工程技术、人体及医学等广泛的内容,通过不同的主题共同搭建了一个全面的科学知识系统,大量丰富又精美的图片向广大青少年读者准确地阐释出了科学的世界观。

书虫俱乐部

目录 Contents

万物原理

10　三种状态——物质的形态
12　物体间的相互作用——力
14　无处不在——摩擦力
16　苹果的启示——万有引力
18　永不停止——运动
20　强壮的力——简单的机械
22　上上下下——压力与浮力
24　看不见的感觉——热
26　能量转移——热传递
28　密不可分——功和能
30　联系万物——电
32　自由流动——电流
34　动力之源——电池
36　人类好帮手——冰箱和空调
38　来自石头的魔力——磁
40　相互转化——电和磁
42　无形的波——电磁波
44　电的来源——发电机与电动机
46　电器运转——电的产生
48　电的高速公路——电力传输
50　照亮千家——人造光源
52　来去自如——无线电
54　方便快捷——电子通讯
56　自然奇景——光
58　笔直行走——光的传播

60　光的神奇——反射与折射
62　神奇光线——激光
64　看不见的光——紫外线与红外线
66　保存记忆——照相机
68　放大世界——显微镜
70　魅力无限——电影技术
72　流动的旋律——声音
74　振荡的声音——声波
76　围绕身边——奇妙的声音
78　丑与美——噪音与乐音
80　造福人类——声音的利用
82　万物本质——分子和原子
84　利弊参半——放射性

变化之学

88　化学本质——元素
90　伟大发现——元素周期表
92　不可或缺——非金属元素
94　生命动力——空气
96　万物之本——氧、氢和氮
98　少而不凡——稀有气体
100　坚硬刚强——金属
102　财富象征——贵金属
104　复杂有趣——冶炼技术
106　晶莹剔透——晶体
108　生活基础——有机物
110　逐渐变化——化学反应
112　氧化反应——燃烧
114　剧烈反应——爆炸
116　电的魔法——电解

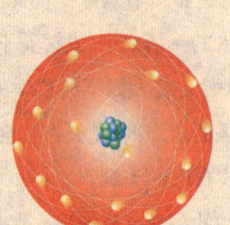

118	酸酸苦苦——酸和碱
120	最常见的物质——盐
122	干干净净——肥皂和清洁剂
124	去除疼痛——麻醉剂
126	生活必需物——高分子化合物
128	轻便廉价——塑料
130	火山的杰作——玻璃
132	缤纷绚烂——陶瓷
134	色彩斑斓——染料和颜料
136	大楼的基础——建筑材料

生命科学

140	万物根本——生命的起源
142	万物历程——生命的进化
144	分门别类——生物分类
146	生物基础——细胞
148	人体外衣——皮肤和肌肉
150	人体支架——骨骼和关节
152	起起伏伏——呼吸系统
154	人体司令部——大脑
156	人体动力——心脏
158	人体循环——血液和消化系统
160	缺一不可——内分泌和生殖系统
162	微小的恐怖——细菌和病毒
164	妙趣横生——遗传和变异
166	生命信息——基因与DNA
168	氧气来源——光合作用

信息科学

172	功能强大——个人计算机
174	科学的轨迹——计算机的发展
176	多种多样——新型计算机
178	影音集合——多媒体
180	拉近距离——互联网
182	轻松冲浪——宽带
184	特殊的病毒——计算机病毒

新科学技术

188	坚不可摧——合金
190	信息基础——电子元件
192	细小复杂——集成电路
194	威力十足——核技术
196	种类繁多——新能源
198	速度快捷——光通信
200	缤纷世界——显示技术
202	移花接木——器官移植
204	科学双刃剑——克隆技术
206	交叉科学——生物工程
208	保护家园——垃圾处理技术
210	微观世界——纳米技术
212	忠实可信——机器人
214	科技高端——人工智能
216	精准定位——新导航技术

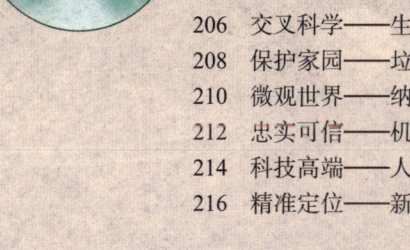

令孩子着迷的 100 种科学知识

万物原理

在 137 亿年前的一场爆炸中诞生了现在的宇宙，物质也在这一刻开始产生。人类从未停止过探索世界的步伐，万物都有它们自己存在的道理和规律。研究这些道理和规律的人们将这个领域称做物理。

三种状态——物质的形态

水 在0℃以下变成了冰块,这就是水的固体形态。将冰加热,当水温超过0℃冰块就会融化,此时水就回到了我们常见的液体形态。如果我们继续给水加温,当温度达到100℃以上,水就会变成看不见的气体,也就是气体状态了。

💡 物质的三种形态

物质具有固体、液体、气体三种状态。在日常生活中,坚硬的钢铁是固体,油和水都是液体,我们看不见的空气就是气体。

note 知识小笔记

在科学上面是没有平坦的大路可走的,只有在那崎岖小路上攀登不畏劳苦的人,才有希望到达光辉的顶点。

——马克思

💡 固体

固体是不易改变形状的。这是因为固体中的粒子由很强的化学键连接在一起,形成牢固的结构。我们生活中接触最多的是固体。

▲ 固体的粒子紧密地堆积在一起,不能移动。

💡 液体

液体也像气体一样没有固定的形状，它的形状会随着容器的改变而改变。液体和气体不同的是，我们可以看见它，感觉到它。我们喝的水和果汁都是液体。

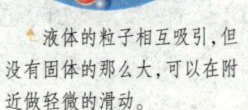

▲ 液体的粒子相互吸引，但没有固体的那么大，可以在附近做轻微的滑动。

▲ 气体的粒子相互远离，相互间作用力小，可以快速运动。

💡 气体

气体没有固定的形状和体积。我们在气体中穿梭却难以感觉它的存在，这是因为气体中的粒子彼此离得很远。如果你用扇子扇动，你就会感觉凉爽，这是因为有气体快速流过，会加速蒸发散热的缘故。

▲ 这是在高频强电场激励下气体被电离的景象，球中的气体就处于一种等离子体状态。

💡 等离子体

物质通常只有三种形态，但是有时候我们还能找到少见的第四种形态——等离子体。只有在温度非常高的环境中，等离子状态才会出现。等离子体是由受到强热或电的作用而裂变的原子或分子组成的。

物体间的相互作用——力

力 在我们周围处处存在，当风吹动我们的衣服时，风对衣服施加了力；当苹果落地的时候，地球对苹果施加了力；当青蛙从荷叶上跃起时，它的腿对荷叶施加了微小的力。

力的科学定义

力是物体之间的相互作用，能使物体的运动状态发生改变，即改变物体速度的大小或方向，力也可以改变物体的形状。力对物体的作用效果取决于力的大小、方向与作用点，这就是力的三要素。

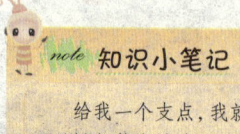

知识小笔记

给我一个支点，我就可以撬起整个地球！
——阿基米德

力的分类

力有许多种分类方式，如果按照它的性质分，可以分为重力、摩擦力、弹力、电场力、磁场力、分子力等。按照力的效果来分的话，又可以分为引力、斥力、压力、支持力、浮力、动力、阻力、拉力等。

在左图中，小孩给妈妈了一个推力，妈妈给小车一个压力，小车与地面产生了摩擦力。

重心

每个物体都会受到重力,而重力作用的点叫做重心。如果重力线通过重心,物体就处于平衡状态。物体重心越靠近地面,物体越容易保持自身平衡。因此,汽车底盘越低的时候就越稳定。

底盘低,重心好,稳定性也好。所以赛车的底盘比一般车低。

在上图中,父母对孩子同时施加一个向上的力,他们作用的结果使孩子向上被拉起来。

合力

当一个物体受到好几个力的作用时,产生的作用相当于一个力的效果,这个力就叫做这几个力的合力。合力方向是指几个力合成之后的方向。

在失重状态下训练的宇航员漂浮起来了

失重

当物体受到的重力很小的时候,就会处于失重状态。宇航员在太空中处于微重力状态,因此可以漂浮起来。

无处不在——摩擦力

相互接触的物体在接触面上发生阻碍相对运动的现象，被称为摩擦力。摩擦力无处不在：自行车刹车、汽车和火车的制动依靠的是摩擦力；钉子固定在墙上也是依靠摩擦力。

▸ 滑冰时，鞋与冰面的摩擦力越小，速度越快。

摩擦力的分类

根据不同的摩擦现象，摩擦力可分为静摩擦力、滑动摩擦力和滚动摩擦力。当你用很小的力向前推物体，虽然物体没有动，但是有向前运动的趋势，因此物体和地面之间就产生了摩擦力，这叫做静摩擦力。物体沿另一物体表面滑动时所产生的摩擦力，叫做滑动摩擦力。一个物体在另一个物体上滚动时产生的摩擦，称为滚动摩擦力。

▸ 摩擦力在生活中随处可见。比如人走路。鞋子与地面摩擦，使人前进。

知识小笔记

来回摩擦可以产生热量，所以在冬天的时候，来回搓手可以让手暖和起来。

▸ 当人用手推东西时，手与物体之间、脚与地面之间、物体与地面之间都存在着摩擦力。

摩擦力的控制

摩擦力的大小取决于两个因素：一是接触面的粗糙程度，二是物体间的压力大小，粗糙的表面产生的摩擦力要比光滑的表面大。如果两个物体间的压力很大，它们之间的摩擦力也会随之增大。

◀ 生活中有些摩擦力是有益的，需要增加摩擦力。比如车轮上刻有深深的花纹，就是为了增加它与地面的摩擦力，防止车打滑。

麻烦的摩擦力

摩擦力给人们带来很多方便，也带来了不少麻烦。例如机器在开动时，滑动的部件之间因摩擦而浪费动力，还会使机器的部件磨损，缩短寿命。鞋子磨破，自行车轮胎的花纹被磨平，也都是因为产生了摩擦力的缘故。

◀ 给轴承上灌注机油是为了减小机器部件之间的摩擦力，延长机器部件使用寿命。

汽车与空气摩擦

当一件物体运动时，会与其周围的空气形成相对运动，产生摩擦。现代汽车注重车型设计，这不仅为了美观，更重要的是减少空气摩擦。

◀ "新干线"车辆的"子弹头"形状，有助于减小与空气间的摩擦力。

苹果的启示——万有引力

牛顿出生于英格兰林肯郡乡下的一个小村落，他凭借自己的发现和前人积累的成果，创造了经典力学的开山理论——牛顿力学。在牛顿力学诞生前，还有很多人研究过力学，最终把这些上升为系统知识的却是牛顿。

💡 前人的贡献

力学知识最早起源于对自然现象的观察和在生产劳动中的经验。古希腊的阿基米德对杠杆平衡、物体重心位置等作了研究，伽利略最早阐明自由落体运动的规律，提出加速度的概念。而牛顿运动定律的建立标志着力学开始成为一门科学。

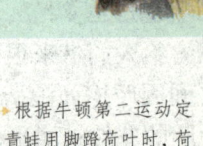

▶ 根据牛顿第二运动定律，青蛙用脚蹬荷叶时，荷叶给了青蛙一个推力，使它跃向空中。

▶ 根据牛顿第一运动定律，只要没有不平衡力作用于青蛙，青蛙就会呆着不动。

💡 牛顿第一定律

牛顿第一运动定律：当物体不受外力作用，或所受合力为零时，它就会保持自己原来的运动状态。这一定律又称为"惯性定律"。青蛙起跳之前，没有受到任何力的作用，它就遵循了牛顿第一定律。

牛顿第二定律

牛顿第二运动定律告诉我们，一个物体受到的力越大，它速度改变得就越快。当青蛙蹬荷叶时，荷叶的推力将青蛙弹向高空时，青蛙就遵循了牛顿第二定律。

▶ 根据牛顿第三运动定律，使青蛙跃向空中的力伴随着一个大小相等的反作用力，把荷叶朝后推。

知识小笔记

牛顿在临终前曾经说过："如果说我比笛卡尔看得远一点，那是因为我站在巨人的肩膀上。"

牛顿第三定律

牛顿第三运动定律：当两物体交互作用时，彼此互相以力作用于对方，两者大小相等，方向相反，但作用在不同的物体上。这一定律又称为"作用与反作用定律"。青蛙跳起的同时，它的腿又给了荷叶一个向后推的力，所以荷叶会后移。

▶ 牛顿的万有引力定律以很高的精度解释了太阳系天体的运动规律

万有引力

牛顿把地球上的物体力学和天体力学统一到一个基本的力学体系中，创立了经典力学理论体系。正确地反映了宏观物体低速运动的宏观运动规律，实现了自然科学的第一次大统一。这是人类对自然界认识的一次飞跃。

永不停止——运动

虽然人类很早就认识到物体的运动，但是直到近代，才认识到运动是物质的一种性质，宇宙中没有不运动的物质。没有任何物质是绝对静止的，世界万物都在运动。

▶在宇宙中，大到恒星，小到灰尘，都在不停地运动，科学家直到今天也没有发现绝对静止不动的物体。

▶当汽车和火车以相同的速度运行的时候，汽车相对于火车是静止的，但相对于路牌来说它们都是运动着的

认识运动

我们直接可以看见运动，一辆小汽车从你身边经过，它在运动；一片树叶从树上落下，它也在运动。世界上所有的物体都在运动，因此在宇宙中运动是绝对的，直到今天人类还没有发现不运动的物体。

相对性

如果你仔细观测，就会发现你身边没有静止的物体，比如你和一个朋友坐在车上，你看他是静止的，但是路人看他是运动的，这就是运动的相对性，当参考物不同时，物体的运动也不一样。

令孩子着迷的100种科学知识

速度

力可以使物体运动起来，有些物体运动的比较慢，有些则运动的比较快。物体运动的快慢是相比较而言的，我们通常用速度作为标准，来衡量物体运动的快慢程度。

> **知识小笔记**
>
> 短跑选手在起跑时用力踩下起跑器，就会从地面获得一个反作用力，从而迅速地冲出去。

▲陆地上奔跑速度最快的猎豹速度为120千米/小时

▲蜗牛的爬行速度为8.5米/小时

惯性

物体运动有一个性质，如果一个运动的物体不受其他力的作用，就会沿着运动方向一直匀速运动下去，这就是物体的惯性。高速运动的汽车，在刹车的时候不能马上停下，而是要在刹车后滑出一段距离才能停车，这就由车的惯性造成的。

▲坐在运动的汽车里的人，当司机突然刹车时，就会不由自主向前倾，这是由于惯性的作用。惯性是物体具有的保持原来运动状态的一种性质。

动量守恒

当一个物体不受外力或所受外力之和为零时，它的总动量保持不变，这就是动量守恒定律。动量守恒定律是自然界中最重要最普遍的守恒定律之一，它既适用于宏观物体，也适用于微观粒子。动量也和力有关系，力是能使动量变化的物理量。

强壮的力——简单的机械

机械就是利用力学原理组成的各种装置的总称,如杠杆、滑轮等。机械能产生比我们的肌肉大得多的力,使我们做到原本做不到的事情。它不仅能增大我们工作中所用的力,还可以比人类工作得更快、更有效率。

木牛

三国时期,著名的军师诸葛亮曾发明过一种不吃草料又能翻山越岭的木牛。这种木牛其实就是有史可考的一种古老的机械,是一种人力独轮车。在木牛的前后装着四条木柱子,这样车在行走或停车的时候就不容易倾斜翻倒。

在古代人们很早就认识到杠杆的工作原理。古希腊科学家阿基米德曾说过"给我一个支点,我可以撬起整个地球。"

齿轮

自行车、机械钟表都是齿轮在我们生活中应用的实例。齿轮就是在轮缘上均匀分布着许多齿的一种机械零件,两个齿轮之间靠齿互相咬合,形成连接,只要驱动其中的一个齿轮转动,另一个也会跟着转动。改变齿轮半径的大小可以改变齿轮转动的速度和力量。

自行车上的链条与车子的后轮之间采用了齿轮传动

💡 滑轮

滑轮是用来提升重物并能省力的一种简单机械。利用滑轮组，我们可以轻松地提起很重的物体。中心轴固定不动的滑轮称为定滑轮，与重物一起升降的称为动滑轮。定滑轮只能改变力的方向，不能省力；而动滑轮在不计摩擦的情况下，可以省一半的力。

💡 润滑

利用油脂可以使机械零件的运动省力。油脂其实就是一种润滑剂，它在运动部件的表面上铺上一层薄膜，这就使它们表面不再直接接触其他零件，减少它们之间的摩擦力。

↑ 起重机使用滑轮组能举起巨型的重物。最大的起重机有3～4个滑轮组。

💡 自动装置

自动化正在使我们的住宅、商店、交通和工厂发生着巨大的变化。现在，许多装置都能自动操作——从自动门到交通灯光信号再到机器人以及在空中自动导航的航空器。这些自动装置不仅可以进行复杂的操作，甚至还可以测定它们自己的性能。

→ 定滑轮

📝 知识小笔记

把皮带套在两个轮子上，其中一个轮子转动，会带动另一个轮子转动，并保持转动方向相同。这种传动方式叫做皮带传动。

Simple Mechanism

Physics

上上下下——压力与浮力

压力是垂直作用在物体表面上的力。水上的船沉不下去,是因为浮力的作用。这两种力是物理力学中最为基本,也是最常见的力。

💡 压力

在地球上高度不同,压力也不同。海底 10 000 米深的地方,水的压力跟 7 头大象保持平衡地站在小餐盘上产生的压力相等。而喜马拉雅山顶的压力是海平面的一半。

▲ 在沙滩上行走,身后留下的脚印就是由于压力的作用产生的。

▲ 图钉的钉尖之所以是尖的就是为了减小与受力物的面积而使压强增大。

💡 压强

压强是单位面积上所受的压力,面积越大,压强则越小。坦克的宽履带是为了增大与地面的接触面积而设计的。

大气压

由于地球周围有大气，大气本身的重量就产生了大气压。如果处在没有空气的环境中，我们的血管都可能会爆炸。

◀ 生活中的许多地方都可以感受到大气压的存在。例如抽水。

悬浮与下沉

浸没在水中的物体总会受到一个方向朝上的浮力和一个方向朝下的重力的作用。如果物体受到的合力向下，物体就会下沉；如果物体的重力小于浮力，那么就会上浮，直到它排开的水的重力等于它自身的重力，就不会再继续上浮。

> **note 知识小笔记**
>
> 浮力现象是由古希腊科学家阿基米德在洗澡时受到启发而发现的。

▲ 潜艇靠改变储水舱内水的体积来改变潜艇的重量，从而实现下沉和上浮。

阿基米德定律

阿基米德定律是把物体受到的浮力与它排开的液体的体积联系了起来，即物体受到的浮力等于它所排开的那部分液体受到的重力。这个定律是以发现它的古希腊科学家阿基米德的名字而命名的。

看不见的感觉——热

令天天气很热，但是到底有多热，如果没有温度计，这就很难回答了。我们可以找到两个固定的温度点，一个是冰融化时的温度，另一个是纯水沸腾时的温度。人们虽然看不见这种"热"，但是却能感觉到它的存在。

💡 热的科学定义

现代科学认为热是由物体内部分子运动而造成的物理现象，每个物体都因为它内部分子在不停地运动而产生的热量。

💡 热的本质

1745年，罗蒙诺索夫在科学大会上宣读了他的论文《论冷和热的原因》，他认为，冷和热的根本原因，在于物质内部的运动。热是物质运动的一种表现。

人在运动的时候，会使身体里的分子运动加剧，体温升高而感觉到热。

膨胀的原理

物体加热后，它吸收的能量使分子运动速度加快，范围扩大，所以占据了更多的空间。温度变化足够大时，物质会从一种状态转变为另一种状态。固体在足够温度下融化变成液体，液体在一定温度下又会沸腾，变成气体。

温度

物体的温度反映了物体内部分子运动平均动能的大小。分子运动愈快，物体愈热，即温度愈高；分子运动愈慢，物体愈冷，即温度愈低。当以数值表示温度时，即称之为温度度数。

知识小笔记

我们最常见的温度测量仪器是温度计，家里挂的温度计用来测量室内温度，而医院里用的体温计用来测量病人发烧的程度。

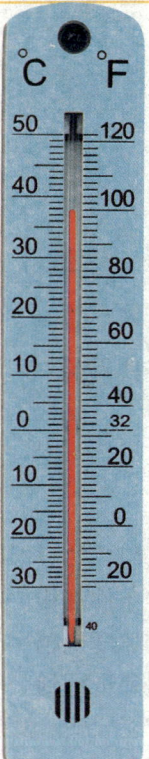
温度计

给水壶里的水加热的时候，水会加速蒸发，形成水蒸气。如果温度很高，就会有大量水蒸气冒出来。

我们日常生活中离不开热源，太阳是地球最大的热源，也是我们生存的基础。

热源

如果一个物体的温度比周围环境高，并向周围环境中释放热量，那么它就是一个热源，比如火堆就是一个热源，它能辐射热量。

能量转移——热传递

你靠近火焰，热就从周围进入你的身体。当你走入冷库，你体内的热就会跑到周围的冷空气中。热总是这样由热的物体向冷的物体传递，或者从物体中热的部分传递到冷的部分。这就是热传递。

什么是热传递

物质系统间的能量转移过程，叫做"热传递"。热只能从温度高的物体向温度低的物体传递。在其他条件都相同的情况下，两个物体温度相差越大，热传递的速度也越快，当冷热程度不同的物体互相接触时，热传递要进行到它们的温度相同时才会停止，即达到热平衡。

▲太阳的热通过辐射方式传递给我们

▼煤气燃烧产生的热传递到水里，又通过水的上下流动传播，最后把水烧开。

传导

在浴室里，当你用手接触金属的时候，你会感觉冷；当你接触干毛巾的时候你会感觉温暖。其实在同一个房间里，毛巾和金属的温度相同，只是金属比毛巾导热快。金属会迅速将你的身体与它接触部分的热量快速传导出去，使温度降低，所以你感觉金属更冷。

💡 对流

湖水的密度随着温度变化而变化，当水的温度降低时，水密度变大，水的温度升高时，密度变小。这样的密度变化使得水中形成密度差距而导致如右图中的对流产生。气体也会出现对流。

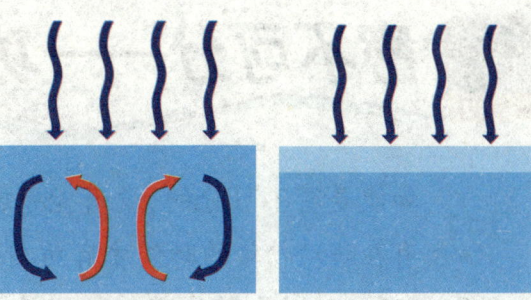

↑ 外界气温降低时，湖表面的水密度变大，沉向湖底，湖底的水浮上水面，形成对流。

↑ 当湖面开始结冰，对流也逐渐减慢，冰的体积变大、密度变小浮在水面，而湖底的水仍保持4℃。

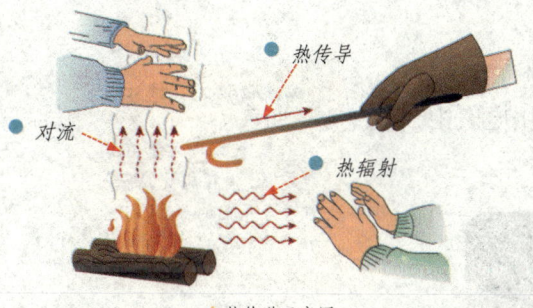

↑ 热传递示意图

💡 热辐射

热辐射是指受热物体以电磁辐射的形式向外界发射传送能量的过程。物体温度越高，辐射越强。与热传导、对流不同，热辐射能使热以光的速度从一个物体传到另一个物体。

💡 简单的实验

在两个相同玻璃杯中分别注入冷水和热水，再向杯子里滴入一滴墨汁。你会发现热水杯子里的墨汁比冷水杯子里的墨汁扩散得快。这是因为温度越高，分子无规则运动的速度越大，所以墨汁在热水中扩散得快。

📝 知识小笔记

苏格兰科学家詹姆士·杜瓦于1892年发明了一个分为内壁和外壁，两壁之间呈真空状的瓶子，可看做是最早的保温瓶。

密不可分——功和能

功和能是密不可分的,没有能量就做不了功。力只有在移动物体的时候才有功,我们举起一本书,就做了功,所做的功即物体获得的能量。在做功的过程中,总有一种形式的能量转换成另外一种形式的能量。

💡 功率

功率是衡量物体做功快慢的物理量。在国际单位制中,功率的单位是瓦特,在家用电表中,采用千瓦·时作为能量的单位。

知识小笔记

每个人每天都在消耗能量,消耗能量的多少取决于他们的年龄、职业和身体状况。

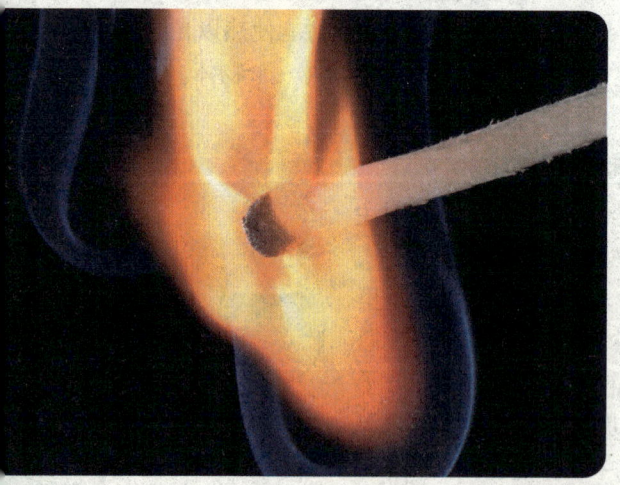

◀ 许多物质的分子内都聚集着能量,当它们的分子发生变化的时候,这些能量就被释放出来,这就是化学能。

💡 能量

能量是物质运动的一般量度。任何物质都具有能量,由此具有做功的本领。如果一个物体要做功,它就要消耗自身的能量。

动能

运动物体所具有的动能大小，随物质的质量和速度的增加而相应的增加。物体质量加倍，它的动能也会加倍；如果速度加倍，动能则变成原来的四倍。

▲ 出拳速度如果够快就可以打破木板

能量转换

当弓被拉紧的时候，就像拉伸的弹簧具有了弹性势能。当松开弓弦的时候，弓弦的势能就转化成了动能。箭中靶的时候，箭的动能又会转化成热能和声能，所以我们会听到箭中靶的声音。

▲ 当左边第一个球撞击左边第二个球时，最右边的球会摆动起来，中间四个球仅起了能量传递的作用。

▲ 当弓被拉紧时，弹簧就具有了弹性势能。

能量守恒

能量既不会凭空产生，也不会凭空消失，它只能从一种形式转化为别的形式，或者从一个物体转移到别的物体，在转化或转移的过程中其总量不变。

联系万物——电

很久以前人们就知道闪电这种自然现象,也知道被摩擦后的琥珀可以吸附微小的物体,但是从来没有人会把这两种看起来完全不同的现象联系起来。实际上它们是有关系的,把它们连接起来的就是电。

静电

在日常生活中,因为摩擦到处存在,因此一些物体不知不觉间就带上了电,这就是静电,当你触摸这个物体的时候,就会被静电攻击,有时候静电甚至可以将人击晕。

知识小笔记

金箔验电器是一种检验物体是否带电的仪器。

摩擦起电

如果你把一个玻璃棒和毛皮摩擦,就会发现玻璃棒可以吸附轻小物体,这说明摩擦可以使玻璃棒带上电,这通常被称为摩擦起电。但实际上电荷是不能凭空产生的,摩擦只是使电荷从一个物体转移到另外一个物体,从而使这两个物体分别带有正负电荷。

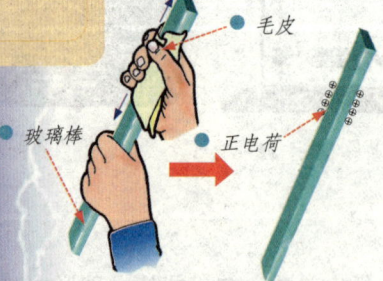

↑ 毛皮摩擦玻璃棒使玻璃棒带上了正电荷

电荷

在18世纪,美国科学家富兰克林用风筝实验证实存在两种性质相反的电,一种是正电荷,另一种是负电荷。后来人们发现物体所带的电总是一个数值的整数倍,于是就把这个数值称为基本电荷。

▲ 富兰克林捕捉闪电

电荷守恒

经典电磁学认为电荷是不能创生的,当电荷从一个物体流到另一个物体,在流动过程中系统的电荷数量会保持恒定,不会增多或减少。这个世界每个物体中都包含有带电微粒,包括我们自己在内,但是因为正电荷与负电荷数量相同,因此不带电。

▶ 电荷的主要特性是同种电荷互相排斥,异种电荷相互吸引。

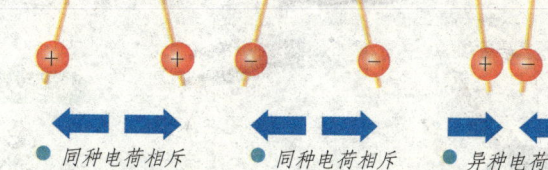

● 不带电荷　　● 同种电荷相斥　　● 同种电荷相斥　　● 异种电荷相吸

▲ 法国物理学家库仑

库仑和电

电荷的单位是库仑,这是为了纪念法国物理学家库仑,他发现了电力作用的规律。库仑的发现为人类定量研究电开辟了新的道路,是电学研究的转折点,因此电荷作用也被称为库仑力。

自由流动——电流

与静电不同，电流是可以运动的电。它能使机器运转，也让我们的生活更加丰富多彩。如果没有电流，电灯、电话、电脑、冰箱都无法工作。电流可以分为直流电和交流电。

💡 电荷流量

电流强度单位是安培（A），即 1 库仑的电量在 1 秒中所通过的电流强度称为 1 安培。

↑直流电只沿一个方向流动

↑交流电呈波状，电流先朝一个方向流动，接着向相反的方向流动。如此反复。

● 胶鞋是绝缘体
● 别针的金属部位是导体
● 电源插头的塑料外壳是绝缘体
● 铅笔芯是导体
● 电流插头的金属部位是导体
● 导线的铜线是导体
● 导线的塑料外壳是绝缘体

💡 导体和绝缘体

金属等材料中的电子可以自由运动，可以产生电流，这些材料就是导体。其他材料，比如大多数的塑料，它们的电子被紧紧束缚在分子里，因此导电能力很弱，就叫绝缘体。为了安全，导电的金属线外面都包着橡胶或者塑料等绝缘体。

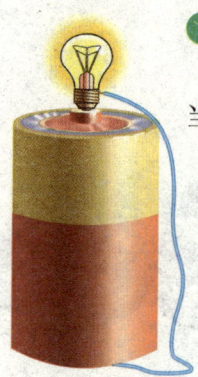

电路

电路是让电流通过的环路,是由导线等各种连接装置构成的。当电路发生中断时,电流也就无法流出。

➤ 用一根导线、一个电灯泡、一节电池就可以组成一个最简单的电路。

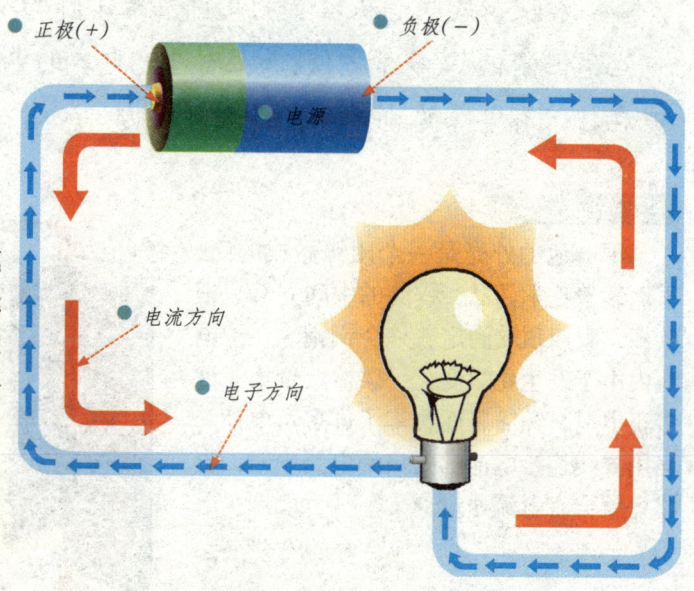

正极(+)　　负极(−)
电源
电流方向
电子方向

电源

电源是将其他形式的能量,如机械能、光能、热能等转变为电能的装置。电源是用电路中最重要的装置,没有它,无论是电炉、电灯、电扇、电视机、电冰箱等都无法使用。

知识小笔记

电流的大小和导线有很大的关系,长度粗细相同的铜线电流就比铝线大。

电的流向

过去人们习惯地认为在电路中电是从电池正极流向负极的。许多实用法则都是根据这一观念制定的,所以今天仍以这种方式来表示电流,称约定电流。

动力之源——电池

电池能够产生电流，我们平时所用的手电筒和便携式收音机就是利用电池来工作的。电池不但体积小、携带方便，而且有些充电式的电池在任何有电源的地方都可以取得电力。

💡 干电池

干电池的外壳是一个用锌做成的筒，里面装着化学药品，锌筒的中间立着一根碳棒，碳棒顶端固定着一个铜帽。在干电池内由于发生化学变化，碳棒上聚集了许多正电荷，锌筒表面聚集了许多负电荷。当用导线连接电池的两极到电路中时，电路里就会有电流通过。

▲ 干电池的供电示意图

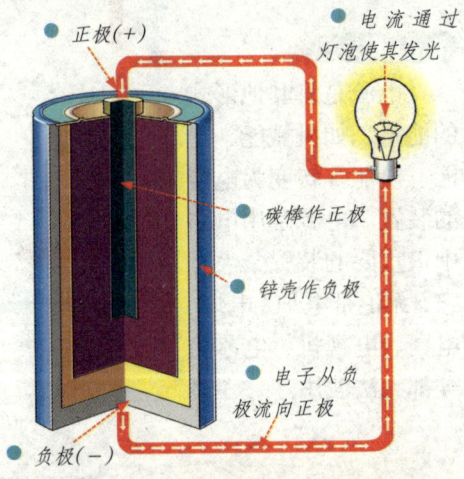

- 正极(+)
- 电流通过灯泡使其发光
- 碳棒作正极
- 锌壳作负极
- 电子从负极流向正极
- 负极(−)

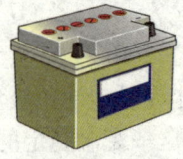

▲ 蓄电池可供应通信、照明或汽车起动使用。

💡 蓄电池

铅质的蓄电池的正负两极分别使用过氧化铅和铅，并浸入稀硫酸内，于是两个电极间产生电流。此时两极分别和硫酸反应，生成硫酸铅。同时电解液中的硫酸渐渐消耗而变稀。使用蓄电池的过程一般叫放电。

燃料电池

燃料电池通过氧和氢结合成水的简单电化学反应而发电。它的种类很多，但都基于一个基本的设计，即它们都含有两个电极，一个负极和一个正极。这两个电极被一个位于它们之间的、携带有充电电荷的固态或液态电解质分开。

➡ 我们的手机所用的锂电池也是一种可充电的电池

➡ 电动自行车所用的电池就是燃料电池

➡ 镍镉电池

知识小笔记

法国科学家伏达发明了第一种实用的电池，称为伏达电堆。

充电电池

一般的充电电池为镍镉电池，它体积小巧，可以用在小型电器上。这种电池含有氢氧化钾电解液，以氢氧化镍或氧化镍作电池的正极，以镉作负极。

有趣的柠檬电池

我们可以利用柠檬做一个好玩的电池。将锌片与铜片分别插入柠檬中，再将电线接在两片金属上，连在一起，柠檬汁与插入的金属片会发生化学反应，产生微弱的电流，这样就制成了柠檬电池。不过这股电流虽然无法使普通的灯泡发光，却能让发光二极管发亮。

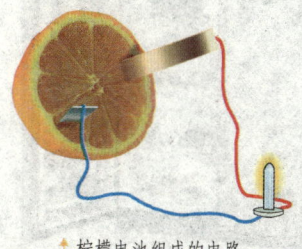

➡ 柠檬电池组成的电路

人类好帮手——冰箱和空调

今天，电冰箱和空调已经步入了千家万户，它们的普及给我们带来了许许多多的方便，它将我们从炎炎夏日带入了一个"清凉世界"，让我们远离了酷热所带来的浮躁与焦灼。

布莱顿和孟德斯

1923年，瑞典布莱顿和孟德斯发明了世界上第一台用电动机带动压缩机工作的冰箱，这就是人类第一台电冰箱。购买了这个专利的芝加哥家荣华公司于1925年开始生产第一批电冰箱。

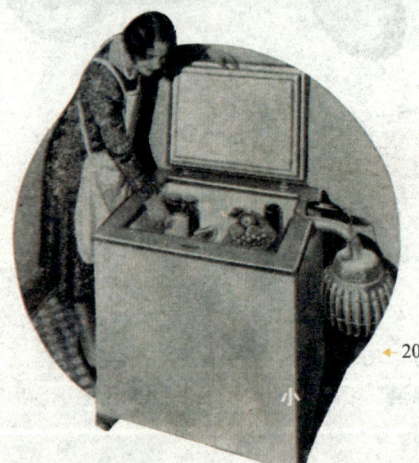

◀ 20世纪30年代的冰箱

◀ 无氟环保冰箱

米德莱

1930年，美国工程师米德莱成功试制出了新的制冷剂氟利昂，这种制冷技术延续使用了50年。直到近几年由于氟利昂对地球臭氧层的严重破坏才被停止使用。科学家研制的无氟环保技术开始应用在冰箱上。

为印刷厂生产的空调

美国纽约的一个印刷商发现温度的变化能够造成纸的变形,从而导致有色墨水失调,世界第一台空调系统就是为他设计的。这个空调是被称为制冷之父的英国发明家威利斯·哈维兰德·卡里尔于1902年设计制造的。

▲早期的空调被用来调节生产过程中的温度与湿度

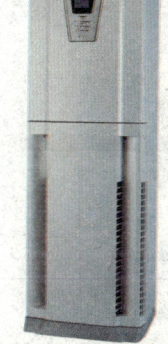
▲柜式空调

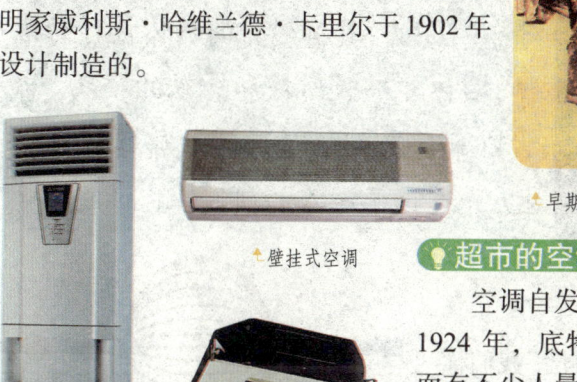
▲壁挂式空调

▲壁挂式空调

▶中央空调冷却压缩机组

超市的空调

空调自发明以来一直用于工业领域,直到1924年,底特律的一家商场,常因天气闷热而有不少人晕倒,因此他们首先安装了三台中央空调,凉快的环境使得人们的消费欲望大增。自此,空调成为商家吸引顾客的有力工具,空调为人们生活服务的时代正式来临。

知识小笔记

1873年,德国工程师、化学家卡尔·冯·林德发明了以氨制冷的冷冻机。

来自石头的魔力——磁

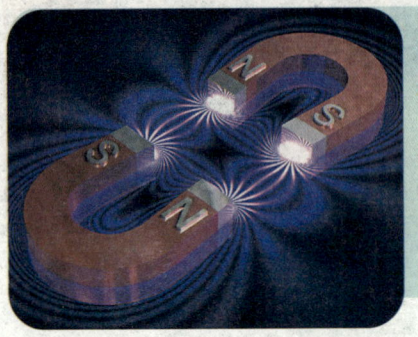

磁力是一种不同于重力的基本作用力,具有磁力的物体被称为磁体,磁体能够吸附铁和含铁的矿物。自古以来,人们就对磁的性质非常感兴趣,并进行了深入的研究。

磁极

磁体具有两种性质不同的极性,我们称这两种极性为南极和北极,磁体也有两个有趣的特性,第一个特性是相同磁极互相排斥,相异磁极互相吸引,这个性质和电相似;第二个特性是一个磁体无论有多么小,总是同时具有两个磁极。

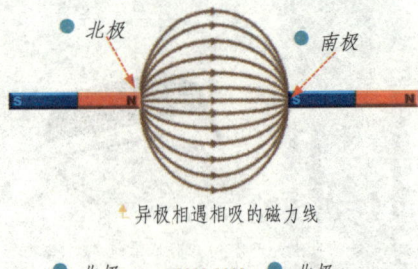

▲ 异极相遇相吸的磁力线

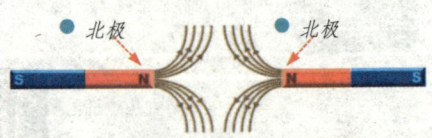

▲ 同极相遇相斥的磁力线

磁石

磁石是一种具有磁性的矿物质,它的主要成分是四氧化三铁。虽然一般状况下磁石的磁性可以长期保持,但是打击和加热却会使磁石的磁性消失。现代科学理论认为磁石的性质来源于它的分子内电子的运动。

磁场

磁体被磁场包围，任何处于磁场中的磁体都会受到力的作用。物体的磁性越强，磁感应强度就越大，一般来说，磁极附近的磁场最强。

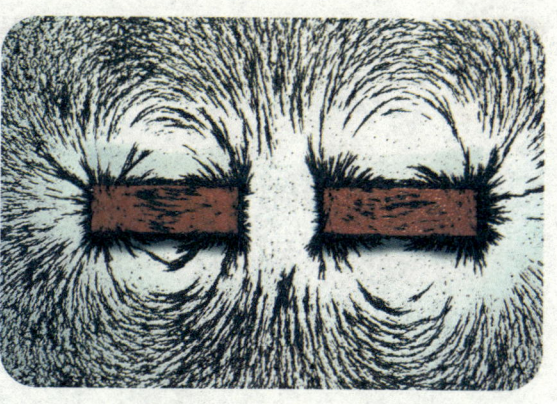
▲ 磁场

▲ 用磁铁在垃圾中回收金属变得很容易

磁铁的应用

古人发现磁石除了铁，不能吸附别的东西。这个原理给垃圾的回收带来了便利，在脏乱不堪的垃圾中要找到可回收利用的金属很难，但是利用通电磁铁在垃圾上一吸，就可以轻松找到铁。

知识小笔记

高斯是德国科学家，他对磁有很深的研究，促进了科学的发展。

▲ 高斯

磁感强度单位

磁感强度就是描述磁场强弱的物理量，在磁场不强时，它的单位记作高斯，以纪念对科学发展作出巨大贡献的德国数学家和科学家高斯。

相互转化——电和磁

因为电和磁的一些性质相似，19世纪一些科学家相信电和磁可以通过某种方式进行转化，于是寻找电磁互相转化的方式成为当时一个热门研究项目。随着电池的出现，稳定的电源问题得到了解决，为研究电与磁的转化提供了基础。

▲ 1800年，意大利物理学家发明了伏打电池堆，使人类第一次获得稳定的电流。

在通电的一瞬间，导线的周围会产生磁场，使小磁针偏转。

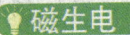

▲ 电生磁实验

电生磁

在19世纪初期，丹麦物理学家奥斯特发现在通电的一瞬间，导线附近的小磁针会发生偏转。经过重复实验，他发现了电流的确具有磁效应，他的发现震动了整个物理学界。这是人类寻找电与磁关系的第一次成功。

磁生电

奥斯特发现电能生磁后，许多人开始寻找磁生电的方式，其中以英国科学家法拉第的成就最为显著。法拉第花了11年时间，坚持不懈，终于在1841年的时候发现了磁生电的方法，并因此而成名。

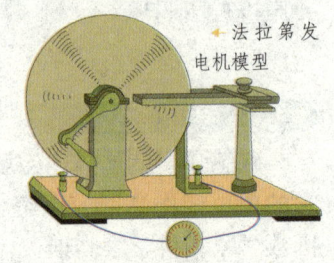

▲ 法拉第发电机模型

💡 磁对电的作用

磁场对电流也有推动作用，如果把一根导体悬挂在不同磁极之间，并通上电流，在通电的一瞬间，你会看到它受到推力而运动。

> **note 知识小笔记**
>
> 楞次是19世纪俄国物理学家，他在物理学上的主要成就是发现了电磁感应的楞次定律和电热效应的焦耳—楞次定律。

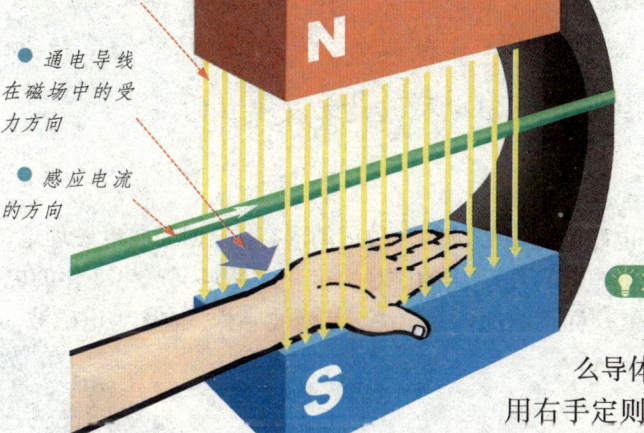

- 磁力线
- 通电导线在磁场中的受力方向
- 感应电流的方向

▲ 右手定则

💡 右手定则

如果用导体切割磁感线，那么导体中会产生电流，我们可以用右手定则来判断电流方向。伸开右手，使拇指与其他四指垂直并在同一平面上，然后手掌对着磁场北极方向，大拇指指向导体运动的方向，则其四指所指的方向就是电流方向。

💡 强大的电磁铁

天然磁石虽然具有磁场，但是磁感强度却太小了，一些科学实验却需要强大的磁场，这个时候电磁铁就可以发挥巨大的作用。电磁铁可以通过调节电流频率和强度来增强磁感强度，最强的人造磁体的磁感强度是自然磁石的数万倍。

无形的波——电磁波

当你在平静的湖面投入一颗石子时，你会看到一圈一圈的波纹从石子投入的地方散开，直到消失。如果把这看作是看得见的波，那么还有一种看不见的波——电磁波。你看不见它，但是你却可以感觉得到，因为在我们生活中电磁波是无处不在的。

▲ 麦克斯韦

💡 电磁波

电磁波是电磁场的一种运动形态，根据经典电磁理论，变化的电场产生变化的磁场，变化的磁场又产生变化的电场，就这样不断地传播出去，就像波一样，被称为电磁波。

- 在地球的大气层中，距离地面50千米到数百千米范围内的气体分子受到阳光照射，发生电离，这一层被称作电离层。天波是依靠电离层反射来传播的无线电波。由于电离层会吸收波长超过3千米的长波，所以，短波是最适合以天波形式传播的。

- 我们通常把沿地球表面空间传播的无线电波叫地波。由于地球上有高低不平的山坡和房屋等障碍物，只有能绕过去的无线电波才能被各处接收到。波有衍射特性，当波长大于或等于障碍物尺寸时，就可以绕到障碍物的后面。长波、中波和短波都可以很好地绕过障碍物。

💡 麦克斯韦的预言

英国科学家麦克斯韦在总结前人研究电磁现象的基础上，建立了完整的电磁理论，从这个理论出发，麦克斯韦预言存在电磁波，并计算出电磁波的一些特性。

赫兹的贡献

1887年,德国物理学家赫兹在实验室里成功地捕捉到了电磁波,从而验证了麦克斯韦提出的电磁波理论。不仅如此,赫兹还用实验证明了电磁波的一些特性,这些都和麦克斯韦的预言一致。

> **知识小笔记**
>
> 1930年,人们掌握了短波通信技术,这个技术的重要性不亚于网络对电脑的重要性。

空间波

空间波的波长在1毫米到30厘米,是最短的电磁波。它以直线传播,所以既不能沿凹凸不平的地球长途"旅行",也不能像中波长波那样穿越高山和建筑物。因此,为了让空间波传输到很远的地方,必须设置中转站,通过接力的方式传输。

● 对于无线通信来说,信息要靠电磁波来传输。一般来说,电磁波的频率越高,可承载的信息量也就越大。而频率越高,相应的波长就越短。

电的来源——发电机与电动机

电流周围存在着磁场，而磁场周围也存在着电场，这就是电磁感应。发电机就是根据磁场周围产生的电场而制成的。而电动机则是把电能转化为机械能的一种机械。简单来说，它是利用通电线圈在磁场中要受到力的作用而运动的原理制成的。

↑ 发电机内部构造

发电机原理

发电机是把铜导线绕在铁棍上，由于铁棍旋转，线圈在相对强大的磁场中运动，因而切割磁力线，产生感应电动势，引起电子在电路中运动。

帕森斯蒸汽涡轮

传统的蒸汽机效率低，无法快速运转达到大量发电的目的。1884年，爱尔兰工程师帕森斯爵士获得蒸汽涡轮的专利权。蒸汽涡轮用200℃的高压蒸汽来驱动发电机，每分钟转动4 800次，运转相当平稳，每秒产生10万焦的电能，相当于100千瓦。至今，大部分的发电机仍然利用蒸汽涡轮来驱动。

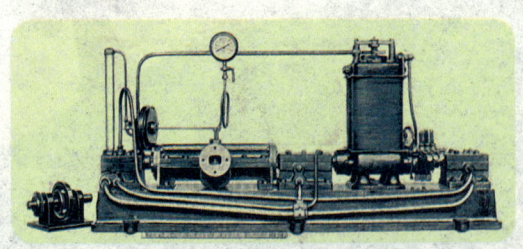

↑ 帕森斯蒸汽涡轮

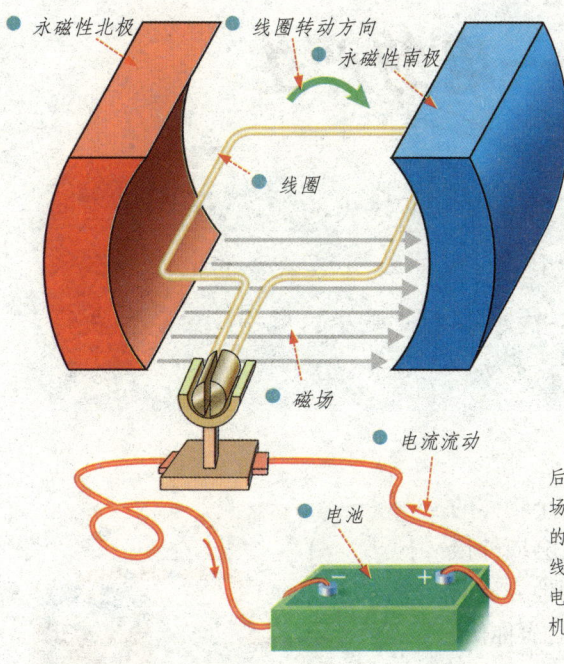

💡 电动机原理

电动机是生活中不可缺少的机械装置，我们在很多地方都可以看到电动机的身影。电动机内有两个可以产生相反磁场的线圈，当通电的时候，在磁场排斥力下，电动机开始转动，向外输出能量。这就是电动机的工作原理。

◀ 线圈被通电后，它产生的磁场与马蹄形磁体的磁场相互作用，线圈就转动起来，电能就转化成了机械能。

note 知识小笔记

德国发明家西门子于1881年建立了第一个电力公共交通系统，使有轨电车开始在柏林的街道上营运。

💡 左手定则

左手定则是可以判断电动机旋转方向的一种方法。将左手伸展，使大拇指与其余四指垂直，并且跟手掌在同一个平面内。把左手放入磁场内，使手心对准N极，手背对准S极，四指指向电流方向，而大拇指的方向就是导体受力方向，即线圈移动的方向。

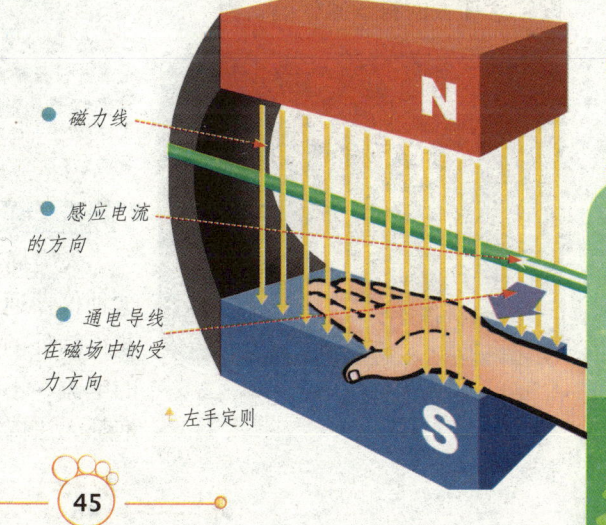

▲ 左手定则

电器运转——电的产生

在今天，电已经成为我们生活中不可缺少的能源，我们家里的一切电器都需要电才能运转，那你知道这么多的电是怎么来的吗？本质上来说，我们家里并没有得到额外的电荷，但是却获得了能量，这一切又是怎么获得的呢？

电压

电压是一项重要的物理量，当一个物体的电荷多了，或是受到电磁力趋使，就会向外传播，这就是电压。电流会从电压高的地方流向电压低的地方。电压的单位是伏特，简称伏，以纪念伟大的科学家伏特。

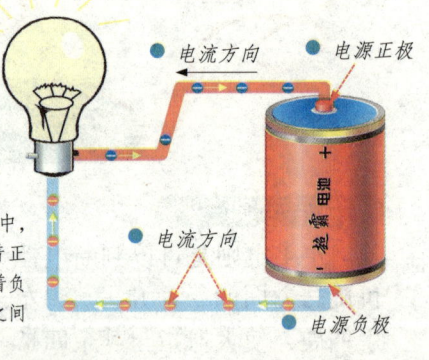

在一个电路中，电源正极聚集着正电荷，负极聚集着负电荷，在正负极之间就产生了电压。

静电起电机发生器产生的静电使她的头发竖了起来

静电起电机

人类拥有的最早的发电机是静电起电机，这种仪器通过机械力量转动，以摩擦的方式获得额外的电荷。可以想象它只能提供极小的电流，不要说家庭利用，就连一个小型灯泡都无法持续点亮。

🔆 特斯拉

特斯拉是美国发明家,他发明了旋转磁场的大型发电机,可以避免传电导体的摩擦损耗带来的麻烦了。为了纪念他的贡献,磁感强度的单位设为特斯拉,简称为特。1特等于100万高斯。

> **知识小笔记**
> 一旦科学插上幻想的翅膀,它就能赢得胜利。
> ——法拉第

▲ 1893年,特斯拉在世界博览会上向人们展示他的发电机产生的交流电。

▲ 水电站是利用水的势能和动能来驱动涡轮发电的

🔆 水力发电

水力发电是对环境改变较小的发电方式,应用也最广,唯一的缺点就是电站要建立在河水落差较大的河流上,建设难度比较大。不过水电站使用的是水能,不需要消耗其他能源。

🔆 火力发电

火力发电是目前采用最多的发电方式,在火电站里,先将水烧成蒸汽,然后依靠蒸汽推动发电机发电。火力发电会消耗大量的煤炭,对空气造成污染。

▸ 火力发电站

电的高速公路——电力传输

电 从电厂里输送出来以后,会经过传送和变压,才能为人们所用。供电使用的设备构成一整套供电系统,它把电厂和所有的用电场所联系起来。在电传送的过程中也有许多科学技术知识。

💡 零线、火线、地线

照明电路里的两根电线,一根叫火线,另一根叫零线。火线和零线的区别在于它们对地的电压不同:火线的对地电压等于220V;零线的对地电压等于零。

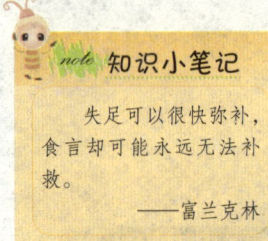

知识小笔记

失足可以很快弥补,食言却可能永远无法补救。
——富兰克林

💡 高压供电

在输电的时候,电线也会消耗一些电能,如果电线很长的话,消耗的电能就非常多,而且对电线也有害,因此人们用特别高的电压来输送电,减少电能损失。现在常用的高压有110千伏和220千伏,有的地方甚至用高达上百万伏的电压输送电能。

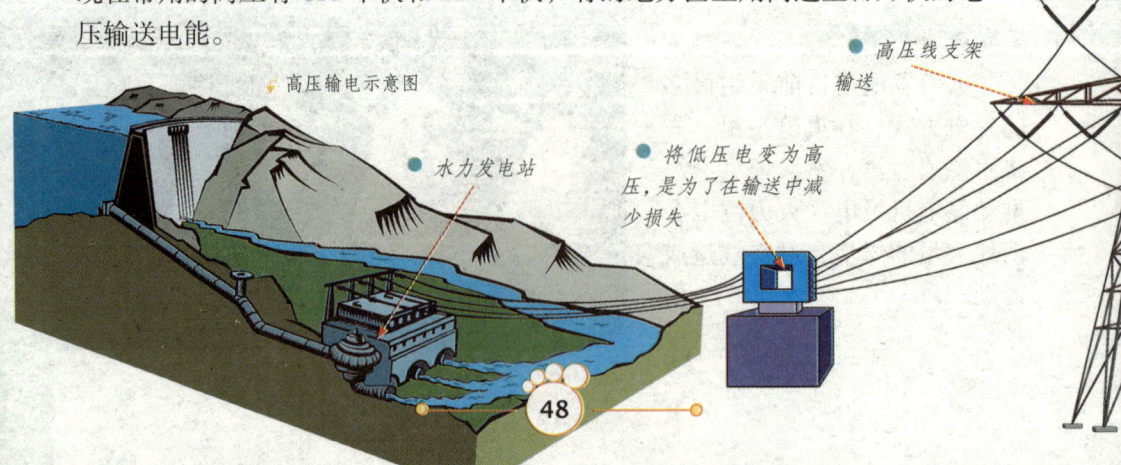

▽ 高压输电示意图

● 水力发电站
● 将低压电变为高压,是为了在输送中减少损失
● 高压线支架输送

变压原理

电的传输中需要变压，根据电磁理论，电能可以在不同螺线管之间传递，在传递的时候能量守恒，因此螺线管圈数和电压对应。变压器就是根据这个原理制造的，它既可以将电压放大，也可以减小。

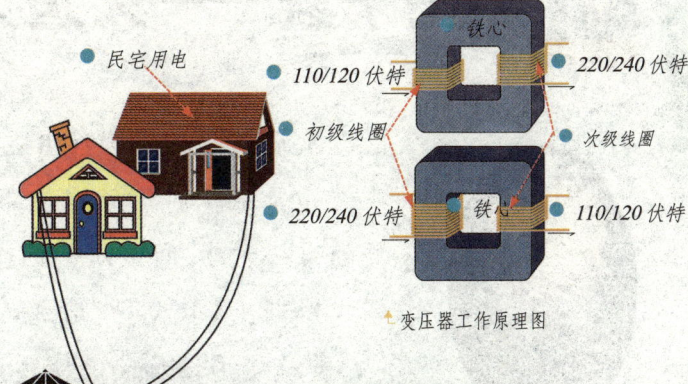

▲ 变压器工作原理图

电缆塔

通常在乡间架设输电线路最廉价的方法就是用电缆塔来悬吊电缆。电缆与铁架之间用绝缘瓷瓶间隔，这些绝缘瓷瓶可以防止电流漏到电缆塔上去。在城市里，电缆通常埋设在地下。

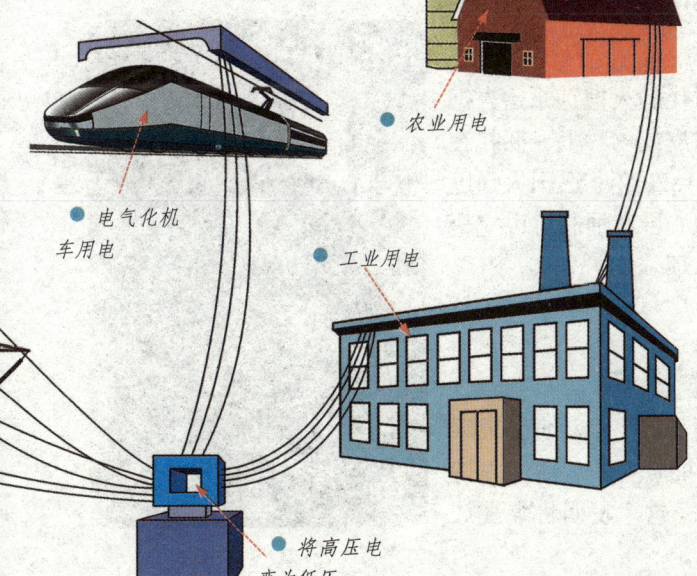

▲ 电缆塔

照亮千家——人造光源

在人类还没有任何照明工具的时候,也许黑夜里的月光就成为了他们驱走黑暗带来的恐惧和不便的唯一希望。所以人们创造了神话里的英雄——普罗米修斯,盗取火种,带给人类光明。在两万多年前,人类就使用动物油来实现照明,这开启了人造光源的历史。

💡 蜡烛

蜡烛最早是起源于原始时代的火把,原始人把脂肪或者蜡一类的东西涂在树皮或木片上,捆扎在一起,做成了照明用的火把。1820年,法国人强巴歇列发明了三根棉线编成的烛心,使烛芯可以完全燃烧。避免了经常剪烛芯的麻烦。

▲ 爱迪生发明的灯泡

💡 电灯的发明

1879年10月21日,爱迪生用碳化棉线做灯丝,在抽真空的玻璃泡内持续亮了10个小时,这个发明将煤气灯送入了博物馆。

▲ 美国发明家爱迪生

💡 白炽灯

1880 年,爱迪生把碳化后的竹丝装进玻璃泡,通上电后,这种竹丝灯泡竟连续不断地亮了 1 200 个小时!1906 年,爱迪生又改用钨丝来做灯丝,使灯泡的质量又得到提高,一直沿用到今天。

📝 知识小笔记

英国人约瑟夫·威尔森·斯旺于 1878 年以真空下用碳丝通电的灯泡得到英国的专利,并开始在英国建立公司,在各家庭安装电灯。

真空 玻璃外壳 灯丝 电源接口

💡 荧光灯

低气压的汞蒸气在放电过程中会辐射紫外线,这些紫外线促使荧光粉发出可见光,荧光灯就是根据这个原理制造的。由于荧光灯所消耗的电能大部分用于产生紫外线,因此,荧光灯的发光效率远比白炽灯和卤钨灯高,是目前最节能的电光源。

荧光灯

💡 霓虹灯

霓虹灯的光色是由充入惰性气体的光谱特性决定:光管型霓虹灯充入氖气后会发红色光;荧光型霓虹灯充入氩气及汞后会发蓝色、黄色等光,这两大类霓虹灯都是靠灯管内的气体原子受激辐射发光。

霓虹灯将我们的夜晚变得绚丽多彩

来去自如——无线电

无线电是一种电磁波,它是通过变化的电场和磁场产生的。与声音传播不同的是,它的传播可以没有媒质。所以,我们通过电磁波可以收到来自遥远太空中宇航员的声音和图像画面。

频率

无线电发射机每秒发出无线电波数千次,甚至数百万次。每秒发出电波的次数叫频率。频率在收音机的调节刻度上以千赫(每秒发出无线电波 1 000 次)或兆赫(每秒发出无线电波 100 万次)标明。不同的频道用不同的频率,所以需要调节接收机来选择频道。

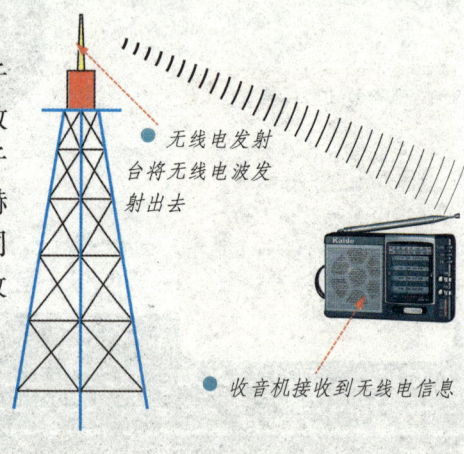

● 无线电发射台将无线电波发射出去

● 收音机接收到无线电信息

● 播音员的声音被转变成电流输送到无线电发射塔

无线电的传送

广播节目的发送是在广播电台进行的。广播节目的声波经过电声器件转换成声频电信号,并由声频放大器放大,振荡器产生高频等幅振荡信号;调制器使高频等幅振荡信号被声频信号所调制;已调制的高频振荡信号经放大后送入发射天线,转换成无线电波辐射出去。

调频波

使载波频率按照调制信号改变的调制方式叫调频。频率变化的大小由调制信号的大小决定，变化的周期由调制信号的频率决定。调频波用英文字母 FM 表示。

调幅波

使载波振幅按照调制信号改变的调制方式叫调幅。经过调幅的电波叫调幅波，它保持着高频载波的频率特性。调幅波的振幅大小由调制信号的强度决定，调幅波用英文字母 AM 表示。

- 通过卫星进行国际传播
- 地方站向空中卫星定向发射无线电波
- 发射塔

知识小笔记

利用无线电波来进行通信的第一人是意大利工程师马可尼。

图像信号与声音信号一起传送到播放室中，节目导演将选用画面发送至地方站。

无线电的应用

除了声音广播外，很多其他种类的通信也要用到无线电波。警察、消防员、出租汽车司机和救护车的人员用双向无线电跟总部联络或互相联络。移动电话通过无线电跟主电话网络联系。电视广播用无线电波传送影像和声音等。

方便快捷——电子通讯

我们幸运地生活在一个信息时代，因为在这个时代，我们可以非常便捷地和他人交流。电子通讯，无疑成为了这个信息时代最伟大的发明之一，有了它我们可以坐在家中和千里之外的亲朋好友聊天，让世界的距离通过电波缩小到一条电话线上。

贝尔

1876年，美国科学家贝尔把金属片连接在电磁开关上，没想到在这种状态下，声音可以控制电流的通行。这个发现让贝尔发明了电话，并于1876年2月14日在美国专利局申请了电话专利。

知识小笔记

1863年，德国的一个教师菲利普·赖斯用木头、羊皮膜片、白金触点等一系列零件组装了世界上第一台电话。

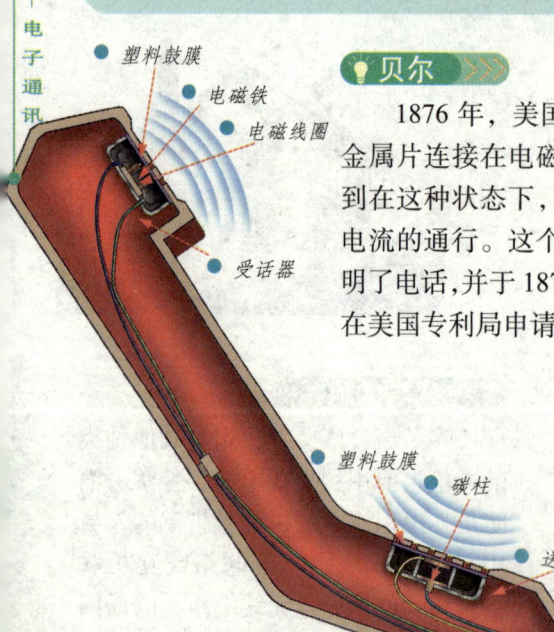

▲电话听筒结构示意图

电话

电话是用电流作为信号载体，双向传输声音的设备。说话一方通过话筒把声音信号变为电信号，然后再转化为数字电信号传播出去，另一头接听者的电话将这个电信号转变为声音信号，发出声音。

可视电话

现在的人们对电话的要求更多了,已经不再满足于简单的通话,他们更想看看说话人的表情,达到真正的近似面对面交谈。可视电话就完成了人们的这个需求,而另外一些人也通过网络代替了昂贵的可视电话。

● 可视电话

● 传真机

传真机

传真机具有收发两用的功能。它通过光学扫描系统,将发送文稿的有光区和无光区变换成数字信号,然后再转变为音频信号,由发射端发送给另一个传真机。现在传真机的功能越来越多,它能自动拨号、自动收发文件、自动应答等。

移动电话

移动电话是一种无线电话。无论在世界的哪一个地方,只要是在其通讯网络内,都可以用它来通话。移动电话以其方便、迅捷而受到了广大用户的普遍青睐,目前普及率已经达到很高的水平。

自然奇景——光

宇宙中的物体都在放射电磁波，但是多数情况下我们看不见它们。因为它们的频率低于可见光的频率。如果我们把物体加热，辐射频率提高后，就会产生可见光。光也是我们永远无法离开的重要物质。

什么是光

光是自然界中的一种能量形式，正是在它的照耀下，地球上才拥有适合生物生存的温度，植物才能进行光合作用，制造氧气。光是宇宙中"跑"得最快的物质，1秒钟的时间可以"跑"300 000千米，相当于绕地球赤道7圈。

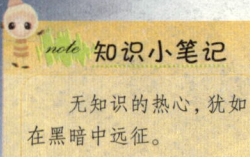

知识小笔记

无知识的热心，犹如在黑暗中远征。
——牛顿

光的性质

在牛顿看来，光是由很多非常微小的圆球状粒子组成的。而荷兰数学家惠更斯认为光像声波和水波一样是波的运动。现代量子论则认为光在有些方面表现得像波，而在某些方面则像粒子。现在普遍认为光的性质为波粒二象性。

▲ 牛顿用三棱镜证明了白光是由七种颜色组成的

💡 光源

能发光的物体都被称作光源。当一个物体达到一定温度的时候，它就会产生可见光，这时它就成了一个光源。在500℃左右时，物体放出暗红色的光；到了5 000℃，物体就可以放射出所有颜色的光。

▲ 物体温度升高，辐射能力也增强，当物体的温度在500℃以上，就会发出红色光，随着温度的提高，颜色也逐渐变成黄色。

💡 影子

在一般情况下，光是直线传播的。途中遇到不透明的物体就会被反射，于是当光线照在我们身上时，被我们身体遮住的地方就会出现影子。影子是否清晰，取决于光源。点光源下的影子清晰，而扩散光源下的影子就比较模糊了。

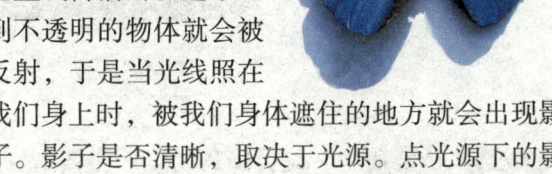

◀ 日常生活中的液晶屏发出的也是冷光

💡 冷光

大部分物体只要发光就会产生热，例如我们被阳光照射会感到温暖，就是因为太阳在发光的同时放射出了热量。但不是所有光都是热的，一些发光但是产生热量极少的光称作冷光。例如萤火虫、松球鱼，植物中的夜光菌，电视的荧光屏等发出的光。

萤火虫

笔直行走——光的传播

光 沿着直线传播,所以如果光被遮挡就会出现影子。晚上用手电照射墙壁,会形成光斑,我们离墙越远,光斑越大,这是因为光会因为各种原因出现散射。在某些时候,光会以波的形式传播,光的干涉和衍射现象肯定了光是一种波。

▲ 光的衍射

💡 光的衍射

光在传播路径中,遇到不透明或透明的障碍物,绕过障碍物,产生偏离直线传播的现象称为光的衍射。就好像水倒在水平的板子上,会沿着板子周围继续向下流一样。光的衍射会在绕过障碍物后通过散射继续在空间发射。

▲ 在光的干涉作用下绚丽多彩的肥皂泡

💡 光的干涉

满足一定条件的两列相干光波相遇叠加,在叠加区域某些点的光振动始终加强,某些点的光振动始终减弱,即在干涉区域内振动强度有稳定的空间分布。例如肥皂泡会产生变化多彩的颜色就是光的干涉造成的。

光的三原色

红色、绿色和蓝色被称为三原色,将这三种原色光混合在一起几乎可以生成所有颜色的光。红光和绿光如果混合会形成黄光,红光和蓝光混合产生品红光,而蓝光和绿光混合会产生青光。如果把这三种光混合在一起就可以产生我们看到的白光。

↑三原色

三棱镜

三棱镜能改变光的传播方向,光的颜色不同,方向改变的程度就不同。因而,三棱镜能把复合的光分解为多色的光谱。光谱中不同颜色的光具有不同的波长,含有不同的元素。

知识小笔记

早在300多年前,英国的物理学家牛顿就用三棱镜将日光分为了红、橙、黄、绿、青、靛、紫7种颜色。

↑在日光照射下,苹果呈现鲜艳的红色。

光的魔术

我们在阳光下看到,大苹果呈现出来漂亮的红色,那是因为它仅仅反射了红光,而吸收了其他颜色的光。在蓝色的光线下,大红苹果却在一眨眼工夫变成了黑色。其实,这是因为在蓝光照射下,苹果的红色素吸收了所有蓝光,同时由于并不存在可以反射的红光,苹果就成了"黑"果。

↑在蓝光下,苹果呈现出暗淡的黑色。

光的神奇——反射与折射

镜子和透镜是我们日常生活中最为常见的两样工具。这两件工具就包含了光的反射与折射原理。可以这么说，如果没有镜子与透镜，人类就不可能取得今天这样的科学成就。

光的反射

光在遇到无法穿过的障碍物的时候，就会被反射回来，如果障碍物表面比较平整，反射就比较有规律，这种反射可以用几何知识描述，因此光反射属于几何光学。

▲ 平面镜能反射光

平面镜

平面镜是我们使用得最多的反射镜，它的反射非常接近平行反射，可以精确地反应物体的形状和外貌，因此常用做镜子和平面反射镜。

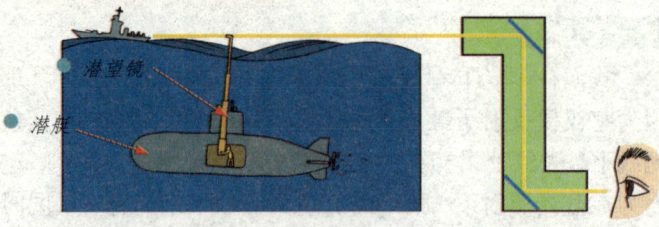

▲ 潜望镜利用平面镜的反射可以看清楚海面上的景况

光的折射

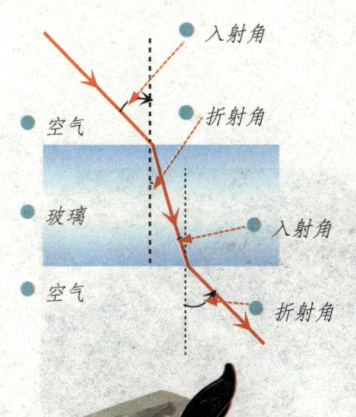

当光在穿越某一些物体的时候，光的传播路线发生变化，这就是折射现象，比如一根插入水中的铅笔看起来弯曲了，就是光的折射造成的。透镜虽然允许光线通过，但是却会改变光线的传播路线，这种改变和透镜本身的形状有密切的关系。

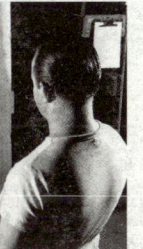

▲哈哈镜

知识小笔记

哈哈镜实际上就是凹面镜和凸面镜的组合，凹面镜会把镜像缩小，凸面镜会把镜像放大，从而达到失真的效果。

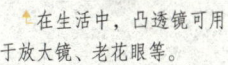

▶在生活中，凸透镜可用于放大镜、老花眼等。

▶汽车的前灯使用的是凹透镜，它能让光线平行射出，照射到更远的地方。

不同的透镜

根据形状，我们可以把透镜分为凸透镜、凹透镜和平面透镜，如果都是平行光线照射，凸透镜可以把这些光聚集在另一端的焦点上，凹透镜会使平行光分散，平面透镜只是将光的传播方向平移。

神奇光线——激光

在科学家的眼里,光不仅可以照亮大地,还可以切割金属,甚至透过皮肤切除肿瘤。在科幻电影里,人们使用的武器射出的道道光线还可以击毁巨大的机器人。这个神奇的光线就是激光。

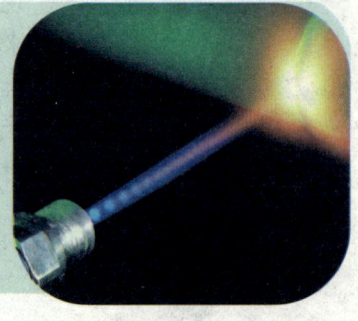

▲ 激光焊接

什么是激光

激光是一种特殊的人造光,它来自一些物质的分子或原子,当这些微粒因为饱含能量而处于被激发的状态的时候,如果有频率合适的光子A从旁经过,就会发出光子B,光子B的频率和传播方向与光子A一致,如果这些光子反复经过受激发的物质,就会产生越来越多同方向的光子,形成极强的光子流,这就是激光。

知识小笔记

1960年5月15日,美国加利福尼亚州休斯实验室的科学家梅曼宣布获得了波长为0.694 3微米的激光,这是人类有史以来获得的第一束可见光激光。

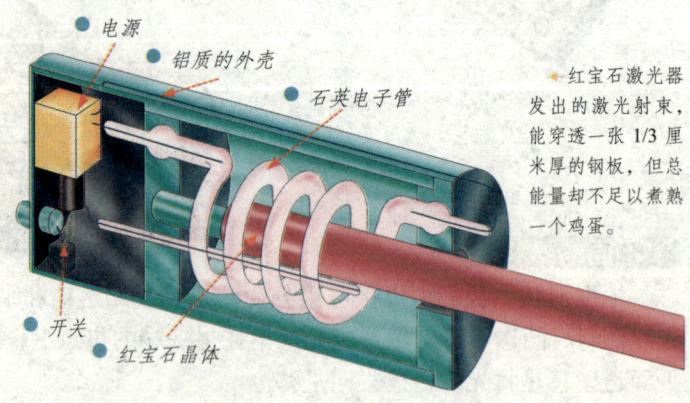

▲ 红宝石激光器发出的激光射束,能穿透一张1/3厘米厚的钢板,但总能量却不足以煮熟一个鸡蛋。

💡 激光手术

激光具有很好的准性和高能量,可以清除人身体里的有害细胞,而不伤害附近细胞,因此被用于医疗手术。和传统手术相比,激光手术有创口小,不出血等许多优点,因此有很广泛的应用。

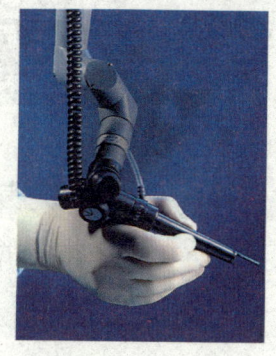

▶ 激光手术刀

💡 激光扫描仪

购物场所常用激光扫描仪来解读商品信息,当激光照射到商品条形码的白色部位,会被反射回来,而黑色地方不会返回激光信号,由此获得商品信息。条形码解读器中的激光器是用半导体制造的。

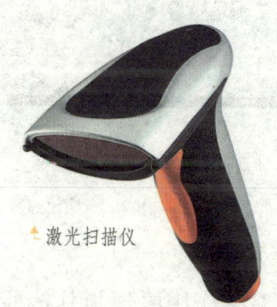

▲ 激光扫描仪

💡 激光武器

激光武器是一种发射激光束直接毁伤目标或使之失效的武器。根据作战用途的不同,激光武器可分为战术激光武器和战略激光武器两大类。

▲ 美国设想的太空激光武器,在战争时期,可以摧毁对方的卫星等太空飞行器。

看不见的光——紫外线与红外线

紫外线就是频率比紫色光更高的一段电磁波,而红外线是太阳光中热能的主要传播者。虽然我们看不见紫外线、红外线,但它们的确存在。

紫外线

紫外线是电磁波谱中波长从 0.01～0.40 微米辐射的总称。紫外线的波长愈短,对人类皮肤危害越大。紫外线分为近紫外线 UVA,远紫外线 UVB 和超短紫外线 UVC。

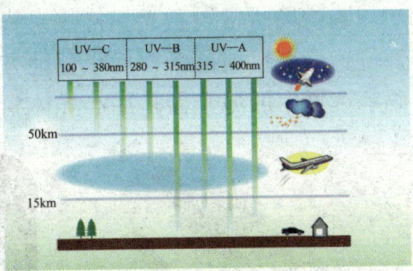

▲ 不同波长的紫外线辐射示意图

紫外线的应用

紫外线的杀菌作用原理与其核酸、蛋白质及酶的作用有关,短波紫外线能破坏细胞或病毒的核酸结构和功能。适当地用紫外线照射人体还可以将胆固醇转换为维生素,防止佝偻病等职业病。

 地球外围的臭氧层能有效阻挡紫外线对人类的伤害,如果没有它的保护,人类生活将无法正常进行。

红外线

我们把光谱中看得见的那部分波称为"光"（可见光），而人眼看不到的波则称为"线"。在光谱中波长自 0.76～400 微米的一段就是红外线。由于它是太阳光中热效应最强的，所以在物理学上也将它叫做热线。

知识小笔记
1800 年，德国科学家赫胥尔发现了红外线。

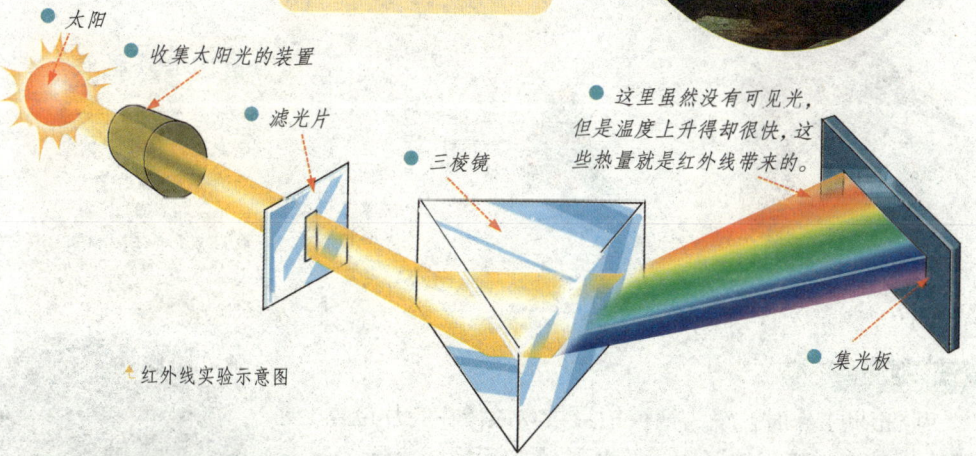

- 太阳
- 收集太阳光的装置
- 滤光片
- 三棱镜
- 这里虽然没有可见光，但是温度上升得却很快，这些热量就是红外线带来的。
- 集光板

红外线实验示意图

红外线的利用

航空摄影时可以利用红外线发现树林病害、森林、地脉和矿藏；医学上可以用于对人体组织的穿透；科研及工程摄影可以用于鉴别印色，穿透织物；普通红外线摄影可以利用发散性产生虚幻的图画效果等。

保存记忆——照相机

一个带有小孔的不透光盒子,盒子里安装了可以成像的胶片,这就是照相机的最基本原理。如今,照相机已经成为我们记录生活历程的最佳工具之一,在它的帮助下我们将一个个值得纪念的悲喜瞬间保存了下来。

◀ 在一间黑暗的小屋朝阳的墙上凿个小孔,屋外面对小孔立一棵树,屋里相对的墙上就会出现一个倒立的树,这就是小孔成像,它是照相机成像的原理。

知识小笔记

1880年,24岁的银行记账员乔治·伊斯曼开设了一家"伊斯曼干版公司"。1888年,该公司生产出了第一台"柯达"相机。

💡 照相机

照相机工作时,镜头把被拍摄景物成像在胶片位置上,然后通过控制快门的开闭,胶片被曝光而形成潜影,这样,就完成了一次拍照。现在,照相机已普及到家庭,人人都可以用相机拍自己喜欢的照片,来实现自己对美好生活的理解。

令孩子着迷的100种科学知识

最古老的照片

1822年，法国的尼普斯在感光材料上制出了世界上第一张照片，这张成像不太清晰的照片拍摄的是他的谷仓和鸽子窝，用了8小时的时间去曝光，以至于图片中的阴暗部分表现得不是十分清楚。它是世界上现存的一张最古老的照片。

▲ 世界上第一张照片

胶卷

要把形成的像记录下来需要依靠胶卷的帮助。胶卷装在照相机中，是表面涂有特殊药剂的塑料胶片，药剂在遇到光时会发生化学反应。照相时，调节焦距，使焦点正好落在胶卷上，在胶卷形成的像里，光强的地方反应强，光弱的地方反应弱，没光的地方不反应，这样就把图像保留了下来。

▲ 柯达相机

▲ 胶卷

数码相机

数码相机里有一种被称为电子影像感受器的东西，它能直接把物体反射的光线转化为数码信号，最终存储起来，所以它没有普通相机使用的胶卷。

▼ 数码相机

放大世界——显微镜

在显微镜出现以前,人类观察世界的方式有一定局限性,是显微镜将我们带入了一个全新的天地。它使我们第一次看到了难以计数的微小生命,看到了从人体到植物纤维等各种东西的内部构造。显微镜的诞生,在生物学与医疗等领域掀起了一场巨大的革命。

▲列文·虎克制造的显微镜其实是一块用玻璃珠制成的、安装在金属架上的高倍透镜。

◀早在列文·虎克之前,荷兰眼镜商詹森就制出了简易的显微镜,但没有引起世人的重视,直到列文·虎克的显微镜研究成功,人们才开始利用显微镜进行微观世界的研究。左图为列文·虎克像。

▲用虎克显微镜观察到的软木切片

💡 列文·虎克

列文·虎克是荷兰著名的发明家。16岁时,贫穷的生活迫使他离开学校去一家杂货铺做学徒。列文·虎克喜欢把闲暇的时间花在他最感兴趣的两件事——读书和磨制镜片上。这使得他在很早的时候就学会了琢磨玻璃、制造透镜的技术。正是他研制成的这台简单的显微镜,使人类第一次看到了神奇的微观生物世界。

光学显微镜

通过列文·虎克的不断改进，人们得到了观测效果更为理想的光学显微镜。光学显微镜一般由载物台、聚光照明系统、物镜、目镜和调焦机构组成。它利用光学成像原理，通过物镜、目镜等光学透镜把观察对象放大成像。

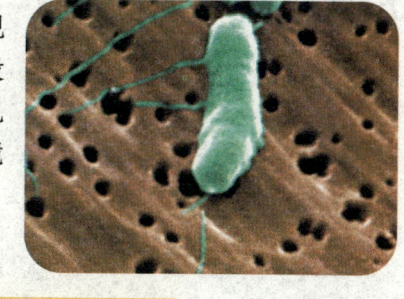

▲ 显微镜下的弧菌

> **知识小笔记**
>
> 20 世纪 30 年代，俄国物理学家和工程师弗拉基米尔·兹尔沃金在美国研制成功第一台电子显微镜。

底片平面
目镜
接目镜
样本
聚光器
虚像

电子显微镜

到了 20 世纪 20 年代，光学显微镜已不能满足医学研究的需要了。1931 年，德国物理学家恩斯特·鲁斯卡通过研制电子显微镜，使生物学发生了一场革命。他和同伴诺尔用电子束和聚焦线圈进行实验，来研究磁场线圈对于电子束的效应理论。终于在 1933 年底制造出一台超级显微镜，放大倍数高达 12 000 倍，已经远远超过了光学显微镜的分辨率。

▲ 电子显微镜

魅力无限——电影技术

电影院大概大家都去过。即使是最不爱出门、整天在家里看电视的人，也难免会为市面上宣传的某部电影，去光顾一次电影院。相信没有人会忘记自己看过的第一部影片，而其他任何一种艺术形式，恐怕都不能叫人如此难以忘怀。这就是电影的魅力。

爱迪生的贡献

关于电影的诞生，大发明家爱迪生的功劳是不容抹煞的。他的第一个贡献，是在1887年和助手在胶片间发明了凿孔方法，解决了活动照片的放映问题；他的第二个贡献，是在1894年发明了"电影视镜"。它像一面大柜子，上面装有放大镜和凿孔胶片，可以使画面循环播放。

◀ 爱迪生

知识小笔记

1923年，美国人弗雷斯把电子管用在有声电影的录音设备上，录音式电影问世。电影进入有声时代。

"电影之父"

1895年12月28日,卢米埃尔兄弟公开售票放映了自己的影片,伟大的电影诞生了。卢米埃尔兄弟原是照相摄像师,他们将爱迪生的发明和自己的"连续摄影机"综合研究后,于1894年研制成了世界上第一架比较完善的电影放映机——活动电影视镜。第二年,他们又取得了拍摄和放映电影的专利,成为真正电影的发明人和创始人,被后人尊称为"电影之父"。

电影放映机

第一部喜剧片

《水浇园丁》是银幕上第一部喜剧片,是根据卢米埃尔7岁小弟弟的调皮举动拍摄的。这场追打孩子的镜头,形成了引人发笑的场面。这部短片尽管技术并不高明,光线灰暗,但可以说是最早的带有"悬念"的喜剧片。

第一部喜剧片——《水浇园丁》

第一部摄影机

世界上第一部实用电影摄影机是由英国发明家格林奈首先发明的。1888年,他在前人的基础上,改进了摄影机,同时拍摄了伦敦的街景。当试放电影时,格林奈看到人物在布幕上活动起来,不禁兴奋地跑到大街上高呼:"成功了!成功了!"

摄影机

流动的旋律——声音

声音虽然有高低之分,但传播方式是相同的,都要依靠媒介传播。在神秘的自然界里,有些声音我们是听不到的,但是一些动物可以。

什么是声音

声音只是压力波通过空气等介质的运动。对于人类来说,声音就是人们听力所能感觉到的不同频率的波。声音由物体振动产生,然后以波的形式通过某种介质传播到我们的耳朵。

▶声音源自于物体的振动

声音的产生

敲击鼓面,鼓面就会振动,然后带动附近的空气振动,这样声音就产生了。这个现象告诉我们,声音是物体振动产生的,发声的物体叫声源。不仅如此,声音还可以通过振动空气带动其他物体振动来传播。振动着的鼓面不断振动周围的空气,空气分子不断振动并向周围散播。当振动的空气敲击我们的耳膜的时候,我们的耳膜也开始振动,这样我们就可以听到鼓的声音了。

令孩子着迷的100种科学知识

🔆 超越音速

超音速飞机的速度可以超过音速，因此当你看到超音速飞机时，却听不到它的声音。如果声波能赶上飞机，那么声波就会突然形成一种发出轰鸣的激波。在马戏团演员抽动鞭子的时候，鞭子的尖端移动速度超过音速的时候也会产生"噼啪"声，这就是激波。

✦ 音障是一种物理现象，当物体（通常是航空器）的速度接近音速时，将会逐渐追上自己发出的声波产生的阻力。此时，就会产生激波。

知识小笔记

人只不过是一根芦苇，是自然界最脆弱的东西，但他是一根有思想的芦苇。
——帕斯卡

近距离听到挖土机在施工时的声音
民航飞机

🔆 声音的测量

最轻微的声音和震耳欲聋的声音，两者在振幅上差异很大，用数字表示不方便。于是根据科学家贝尔的名字Bell命名了声音的测量单位——分贝。声音每增加10分贝，声音的响度扩大10倍。增加20分贝，声音的响度就是原来的100倍。

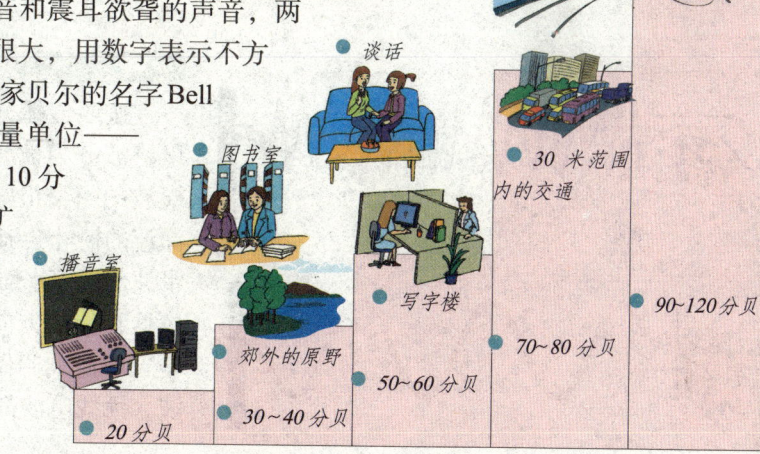

播音室 20分贝
图书室
郊外的原野 30~40分贝
谈话
写字楼 50~60分贝
30米范围内的交通 70~80分贝
30米内行进的火车
迪厅 90~120分贝

Sound

Physics

73

振荡的声音——声波

声波是大气压力之外的一种超压变化,它的传递过程就好像是相邻空气粒子之间的接力赛,这些空气粒子把波动形式向前传递,它们自己仍旧在原地振荡,也就是说空气粒子并不跟着声波前进。

💡 声波是什么

声源体发生振动会引起四周空气振荡,这种振荡方式就是声波,声音是以一种波的形式来传播。除了空气,水、金属和木头等物质都能传递声波,它们都是声波的良好媒质。在真空状态中声波就不能传播了。

▲声波产生示意图

💡 横波

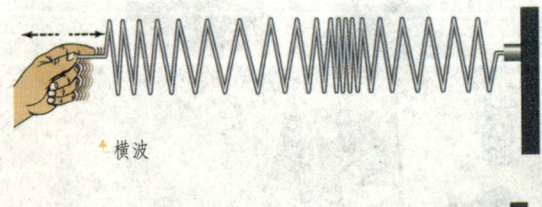

▲横波

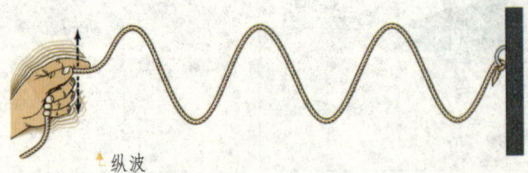

▲纵波

按照传播方向和振动方向可以将波分为横波和纵波。水波是横波的一个很好的例子。水面上漂浮的树叶会随着水上下振动,而水波却沿着水面一圈圈扩散出去。像这种传播方向和振动方向互相垂直的波,叫做横波。水波、光波、无线电波都属于横波。

纵波

把弹簧的一端固定在墙上,用手提起另一端,并轻轻推拉弹簧,弹簧一舒一密地向墙壁运动。仔细观察会发现弹簧的波动传播方向和振动方向是一致的,这就是纵波。声波是空气分子前后振动所形成的,像弹簧一样,声波振动中空气分子有疏有密,所以声波就是一种纵波。

> **知识小笔记**
>
> 声呐是利用超声波在水中传播和反射的特性来探测水中目标状态的仪器或技术。

扩音

▲扩音器电子元件

顺风说话,声音会传得更远,这是声音的增强。如果想把很小的声音扩大,最古老的方法就是用手做成喇叭状,用来约束声音的方向。有了现代的电子设备,扩音可以通过将声音转化为电信号放大而轻松地实现。麦克风和音箱就是这样一套电子扩音设备。

◆ 通过麦克风,人的声音信号会被放大传播到很远的地方。

吸音

柔软的物体表面会吸收声能,就像沙滩吸收打在上面的球一样。在卧室里,地毯、窗帘、沙发及盆栽都能吸收声能,因此,声音不会发射出去形成回声。一些建筑设计故意将墙面做得凹凸不平,也是为了消除声音。

◆ 剧院里的墙壁经过特殊设计,一部分墙壁用来反射声音,而其他部用来吸收声音。

围绕身边——奇妙的声音

虽然自然界充满了各种声音,人的耳朵只能听到一定频率的声音。声音通过反射,会产生奇妙的回声现象,这也是人们经常见到的一种现象。

频率

频率指的是波每秒振动的次数。高音就是指波的频率高、波长短的声波。对人类来说,只有频率在 20 ~ 20 000 赫兹间的声波才能被人的耳朵所听见。

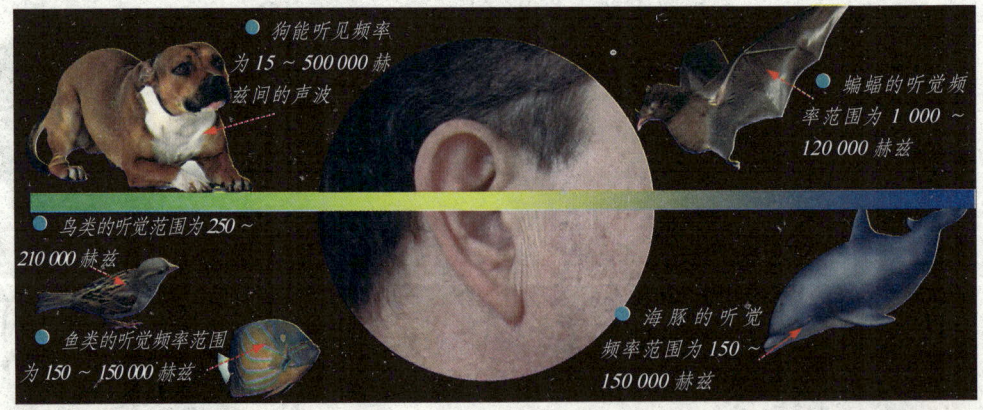

- 狗能听见频率为 15 ~ 500 000 赫兹间的声波
- 蝙蝠的听觉频率范围为 1 000 ~ 120 000 赫兹
- 鸟类的听觉范围为 250 ~ 210 000 赫兹
- 鱼类的听觉频率范围为 150 ~ 150 000 赫兹
- 海豚的听觉频率范围为 150 ~ 150 000 赫兹

奇妙的共振

每一个物体都有自己特有的振动频率,如果外界对它施加的驱动力的频率刚好和它本身的频率相同,那么此时物体的振幅会达到最大值,这种现象就叫做共振。

令孩子着迷的100种科学知识

◀ 在水中，声波比光波和无线电波传播得更远，海洋中的鱼类就是通过各种声音来传递信息的。有些鲸的"歌声"可以在海里传播几百千米。

知识小笔记

B超是利用向人体内部发射超声波，并接收其回声信号，可摄片形成比较完整清晰的影像。

声音的速度

在不同的物质里，声音传播的速度大小是不一样的。一般情况下，声音在固体里传得最快，在气体里传得最慢，在液体里的速度居中。

回声

声波在传播过程中，碰到大的反射面（如建筑物的墙壁等）时将在界面发生反射，人们把能够与原声区分开的反射声波叫做回声。北京的天坛回音壁利用回声原理，使人的讲话声变得比平常大。

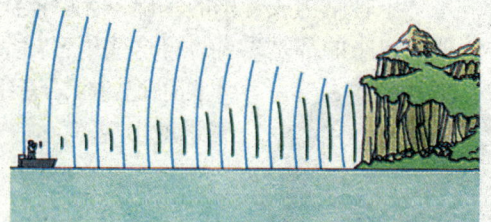

▲ 回声示意图

▲ 海洋测量船用声呐测量海底面貌

回声探测法

声波是目前已知的唯一能在海水中远程传播的波，根据声波的特性而制造的"声呐"等各种仪器，可以用来帮助人们探测海中的鱼群、礁石、沉船、潜艇，测量海洋的深度，这就是回声探测法。

丑与美——噪音与乐音

音乐之所以悦耳，是由于它是按照一定的规律振动的，人们给这个规律起了个名字叫做韵律，好的韵律可以带来悦耳的音乐。噪音是没有规律的振动或者振幅过大，也就是分贝太大的声音。所以，即使是听音乐也不要把声音开得太大，因为这同样是噪音。

美妙的乐音

乐音是构成音乐的基础，但并非全部。让一个不会弹琴的人坐在钢琴前演奏，他敲出来的都是乐音，可这些乐音却杂乱无章，一点也不动听。当音乐家经过艺术构思把各种乐音组织起来，使之变得和谐、动听、有节奏时，音乐就出现了。

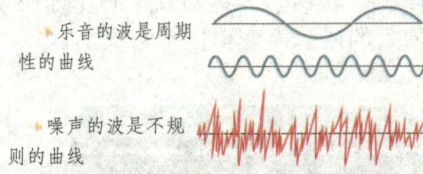

▶ 乐音的波是周期性的曲线

▶ 噪声的波是不规则的曲线

▶ 乐音给人以美的享受

泛音

通常，物体的振动都比较复杂，它所发出由各种频率和振幅混合而成的声音，叫作复音。其中，频率最低的音称为基音，其他的音称为泛音。泛音能表现不同乐器的特性，它使乐器的音色充满生气。乐音中含的泛音越多，听起来就越好听。

💡 噪音

噪音就是令人烦躁的声音或非常强烈的声音。人们长期在噪音环境中生活，听力会受到损害，还会精神紧张；严重的话，还会毙命。因此，人们在生活中应该注意改善自己的环境，避免噪音对身体造成的伤害。

💡 钢琴

钢琴的键位与音锤相连，按下琴键，音锤就敲打在琴弦上。有时候，钢琴演奏者同时按下几个琴键，这样就会产生悦耳动听的和弦声音，当多个音符合在一起的时候我们也称作和声。

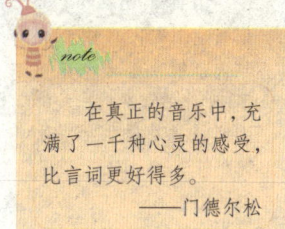

note

在真正的音乐中，充满了一千种心灵的感受，比言词更好得多。
——门德尔松

▶噪音会使人的听力下降

💡 音乐疗法

优美动听的乐曲，舒展流畅的旋律，能使人摆脱烦恼、开阔心胸、消除疲劳。研究表明，乐音中协调的声波振动作用于人体，能使进各器官间的生理运动更加协调一致。乐音作用于大脑能激发和调节神经细胞的功能，促进人体分泌有益于健康的激素，改善血液循环，增强新陈代谢，延缓衰老。

造福人类——声音的利用

不同的动物对声音有不同的敏感度,有些动物在水中游动时,可以利用耳朵来探测声音。还有些动物利用声音来交流和收集周围环境的信息。人们更是利用声音研制了不少先进仪器,以方便日常生活。

声控

科学家已能把声波变成诱发信号,利用声音启动装置,使一些人工操作变成自动行为。日常生活中最常见的应用声控原理的是节能型电灯,人的脚步声会诱发电灯连动装置,使灯处于打开的状态。

note 知识小笔记

20世纪30年代,纸磁带被发明出来。到了40年代,钢片磁带也诞生了。如今的录音机所放的大都是裹着磁化材料的塑料磁带。

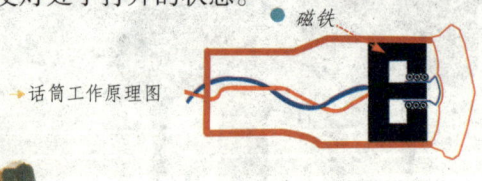

▶ 话筒工作原理图 · 磁铁

话筒

话筒好比一个反向工作的喇叭,话筒内的金属线圈固定在柔韧的圆盘上。声波使膜片和线圈振动。磁场内线圈的振动,使线圈内产生电流,电流的波动起伏与声波一致。这样,我们的声音就会转变为电信号被记录下来。

🌱 留声机

留声机最早是美国发明家爱迪生发明的。它用一个振动薄膜将声音记录下来，声音的振动使一根针在一个覆盖着锡箔纸的圆筒上划下螺旋形的纹路。当针再次沿着这些小沟运动的时候，又引起了另一个振动膜的运动，这样，声音就出来了。

• 唱片

🌱 唱片

声音以螺旋细槽的形式被切进塑料圆盘里，这就成为了一张唱片。播放唱片时，带有特别开头的尖唱针可以插入唱片的细槽中，唱片旋转后，细槽的形状使唱针振动，将振动由两条电磁铁转成电流，并输出到扬声器中，这样人们就能听到美妙的音乐了。

↑ 留声机

🌱 激光唱片

激光唱片表面布满无数个细微小孔，这些小孔组成数码格式，每个数码记录一个声音符号。当播放时，唱机上的激光束随着小孔的转动不停地快速闪亮，形成激光信号，微处理器把这些激光信号转化成声音。由于这种录音方法是利用数码来录音的，因此叫做数字式录音法。

↑ 激光唱片又叫 CD。上图为 CD 唱片及 CD 唱机。

万物本质——分子和原子

世界上所有物质都是由分子组成的，因为分子是独立存在而保持物质化学性质的最小粒子。原子是化学变化中最小的微粒，分子是由原子组成的。一亿个原子一个接一个排列起来也仅有2.54厘米的高度。

分子

分子有一定的大小和质量，分子间有一定的间隔，分子在不停地运动，分子间有一定的作用力。同种分子性质相同，不同种分子性质不同。

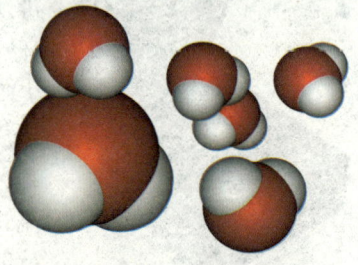

水分子由两个氢原子和一个氧原子组成，如果将其电解为两个氢原子和一个氧原子时，它们的特性就和水完全不同了。

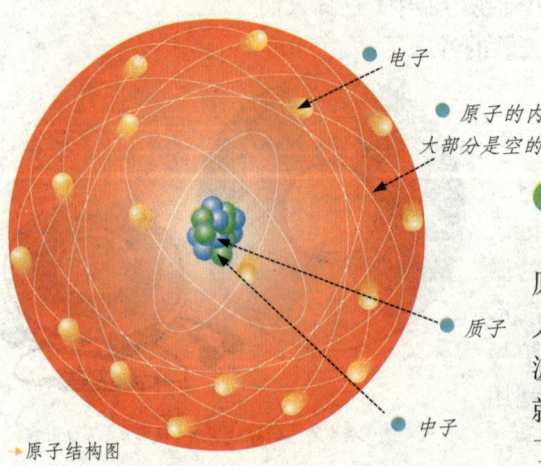

原子结构图
- 电子
- 原子的内部大部分是空的
- 质子
- 中子

原子

原子是化学变化中的最小微粒。原子的概念是基于物质的粒子性这一人类直观的感觉而建立的。但在物质波动性上也可以找到它的影子。或许就是因为原子的发现，才使物理学有了现在这样辉煌的成果。

令孩子着迷的100种科学知识

📖 知识小笔记

1801年英国的化学家道尔顿根据实验证明了每个化学元素都是由原子组成的，元素之间各不相同，只是由于构成它们的原子各不相同。

💡 电子云

电子在原子核外空间的某区域内出现，就好像带负电荷的云笼罩在原子核的周围，人们形象地称它为"电子云"。离原子核越近，电子出现得越多，离核越远，电子出现得越少。

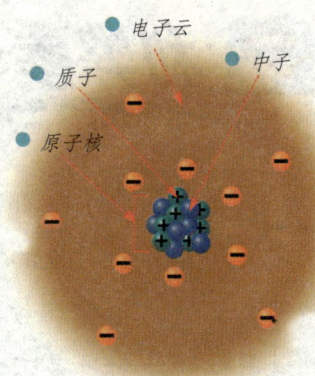

↑ 像云层一样包裹着原子核的电子

💡 核的内部

每个原子核内都有质子和中子，而这些质子和中子又是由更小的称为夸克的粒子组成的。夸克被另外一些粒子，确切地说，它们是被胶子联结在一起的。

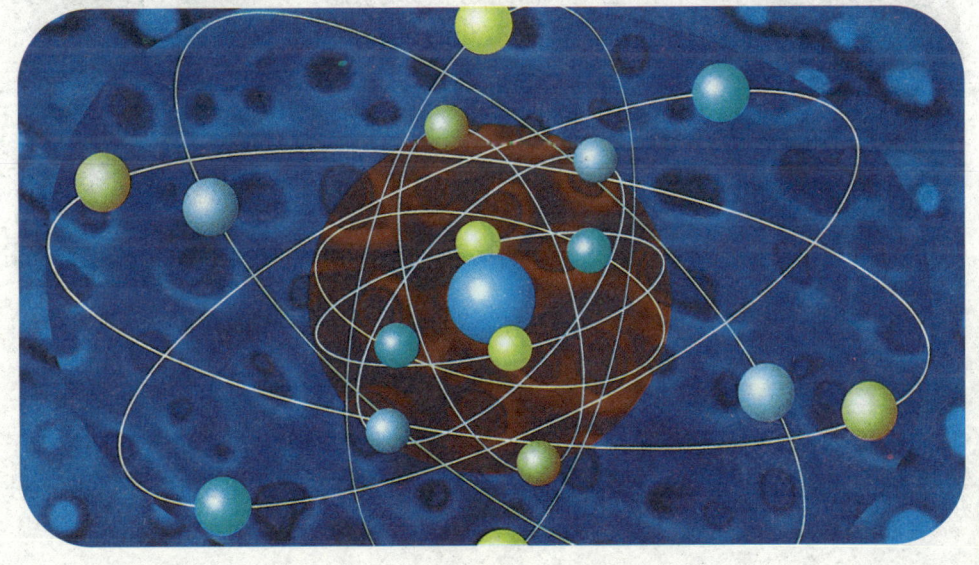

利弊参半——放射性

大多数原子核都很稳定，但也有一些核不稳定，并具有放射性。具有放射性的原子核被称为放射性元素，它们能放射出三种不同类型的辐射。放射性可以是有用的，也可以是有害的，比如说：原子弹的放射性是有害的，而医生却可以借助放射线为病人治病。

💡 放射性的来源

一些元素的原子核因为结构不稳定，因此处于激发状态，当它向稳定态变化的时候，就会释放出能量或者粒子，这就是放射性的来源。对于放射性原子核来说，它们会释放出三种性质不同的射线。原子核在放射中产生变化，称为衰变。

↑ 德国科学家伦琴

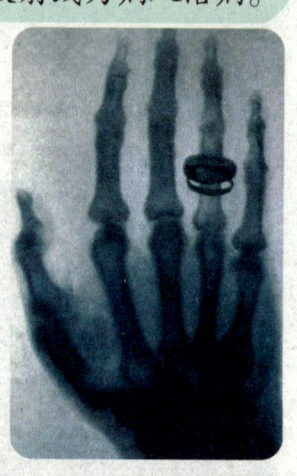

↑ 伦琴用 X 射线给妻子拍摄的手指骨照片，这是人类历史上第一张人体 X 光骨骼照片。

💡 X 射线的产生

最早发现 X 射线的是德国科学家伦琴，他在做阴极射线实验时无意间发现了 X 射线。当阴极射线轰击一些金属时，会释放出频率很高的电磁波，这些电磁波就是 X 射线。

神奇的本领

X 射线最突出的本领就是具有较强的穿透性,它可以穿透人体软组织,但是却无法穿透骨骼,这就为医生在不损害人体健康的情况下研究骨骼变化提供了一项强大的工具,在今天,X 射线还可以帮助医生判断病人的病情。

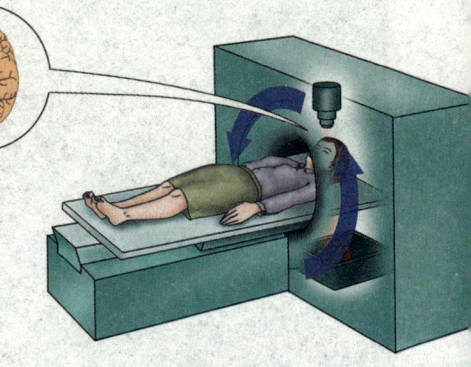

自然界的 X 射线

其实在伦琴发现 X 射线以前,X 射线就存在于宇宙之中了,一些温度高达上百万摄氏度的气体就可以发出很强的 X 射线,这为科学家了解遥远星体的变化提供了很大的帮助。

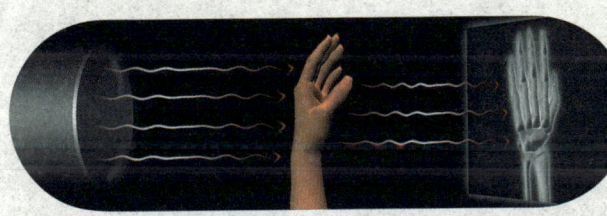

▲X 射线透视人体示意图

X 射线的科学意义

X 射线不仅对医学和天文学有帮助,还对化学和分子生物学有帮助,借助 X 射线拍摄的图片,科学家们可以更直观地研究分子的结构。

▲科学家利用 X 射线天文卫星观测宇宙中的 X 射线辐射源,从而发现未知新天体。

知识小笔记

我喜欢离开人们通行的小路,而走荆棘丛生的崎岖山路。

——伦琴

令孩子着迷的100种科学知识

变化之学

世界是由物质构成的，不同的物质由不同的元素构成。当古代炼金术士还畅想着他们关于土、水、火、空气的元素理论的时候，中国劳动人民早已经开始用掌握的合金冶炼技术制作日常用品和兵器。化学早在被定为一门应用广泛的学科之前就已经在不断改变着我们的世界。

化学本质——元素

元素是人们对组成整个世界的基本物质的称呼，而现在我们所说的元素是指组成世界上各种实体的基本化学物质。现在我们知道，元素并不是组成世界的最基本物质，但是我们依然用元素来称呼原子，因为它们和宏观世界的联系最为紧密。

元素的诞生

在137亿年前的"大爆炸"中，我们的宇宙诞生了，最简单的元素"氢"成为了大爆炸以后诞生的第一种元素。氢之后就是氦了，构成地球的一切元素都在大星球的核中诞生。当星球爆炸的时候，元素会随着爆炸散射在太空里。

▶元素在宇宙大爆炸中诞生

▶中国古代的金、木、水、火、土五种元素。

古代的元素

公元前4世纪，亚里士多德等哲学家认为各种形式的物质仅由四种按不同比例排列起来的元素组成。它们是火、空气、水和土。但在古代中国认为世间物质都是由五种相生相克的元素组成。

元素新认识

17世纪，化学有了大发展，科学地认识元素成为可能。在1669年，德国人勃兰德发现磷。18世纪法国科学家拉瓦锡是明确元素化学定义的人，他认为能保持物质化学性质的基本物质就是元素，所有物质都是由化学元素组成的。

> **知识小笔记**
>
> 不靠猜想，而要根据事实。
> ——拉瓦锡

拉瓦锡针对当时化学物质的命名呈现一派混乱不堪的状况，与其他人合作制定出化学物质命名原则，创立了化学物质分类新体系。图为拉瓦锡和夫人。

▼ 欧洲的炼金术士

元素和炼金术

其实在很久以前，世界各地的炼金术就开始发展起来，炼金术士总是希望通过将普通的物质进行提炼后能转化为另一种物质。他们除了希望将普通的金属转变为贵重的黄金，还尝试着寻找长生不老的丹药。他们虽然认识到了元素，但是却没有搞明白什么才是化学。

伟大发现——元素周期表

元素周期表虽然看上去简单，但是却包含了所有元素。这些元素按照原子量或核内质子数的递增依次一行行排列。横行称为周期，竖行称为族。元素周期表于1869年，由门捷列夫发明，它一直沿用至今。

门捷列夫是俄罗斯一位中学教师，他收集已知化学元素的资料，然后为每种元素制作了一张卡片，再将元素按原子量大小排列，从而创立了周期表。他根据元素周期表语言一些元素，并在表上为这些元素留出了空位。他在世的时候，就有三种元素被发现，印证了他的预言。

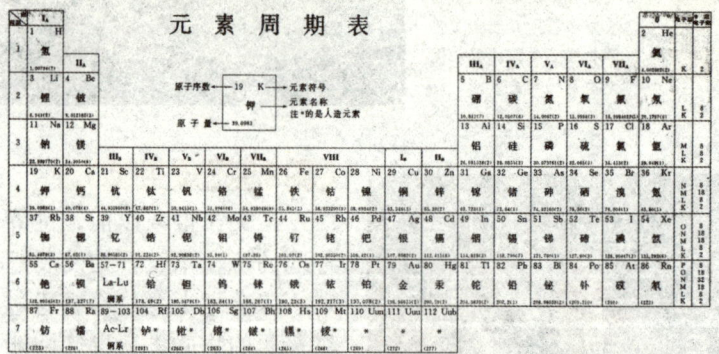

◀ 门捷列夫的元素周期表上的空位在后来不断被填补

同一周期

从周期的一端到另一端，每一元素的电子数逐一递增，元素的化学性质也逐渐变化。第三周期从金属钠到半金属硅到非金属氩，元素从形成阳离子到形成阴离子。

族与周期

周期表上将已知的 109 种元素以横行排列称为周期。从左到右，原子量逐步递增，每个周期左起碱金属，右至稀有气体。最左边元素的原子最外层上只有一个电子。竖行称为族，同一族的元素在最外层上的电子数都是相同的，所以同族元素也具有相似的化学性质。

● 铂　　● 黄金

纯净的金属

地球上蕴藏的很多金属都是含有杂质的，必须通过提炼才可以使用。而一些金属如金、银、铜、铂等则是天然纯净的，其中黄金在千百年来一直是一种最珍贵的金属，它也是最不容易发生化学反应的元素之一。

镭的发现

居里夫妇用分离沥青铀矿的方法来寻找新元素，1898 年年底，他们从含钡的部分提炼了一种新的放射性最强的元素。他们将它命名为镭，镭在拉丁文里是放射的意思。

▲ 居里夫人

> **知识小笔记**
>
> 我们应该不虚度一生，应该能够说："我已经做了我能做的事。"
> ——居里夫人

▲ 镭装在杯子中可以看到绿色的光

不可或缺——非金属元素

在已知的化学元素中,非金属元素占了22种。这些元素与金属、稀有气体共同构成了元素周期表。包括有氢、硼、碳、氮、氧、氟、硅、磷、硫、氯、砷、硒、溴、碲、碘、砹、氦、氖、氩、氪、氙、氡,其中80%的非金属元素在现在社会中占有重要的位置。

💡 维持生命的碳

碳元素是一切生物生存的根本。碳可以和其他元素的四个原子混合组成成千上万种碳化物。有些碳化物还非常昂贵,比如钻石就是经过磨制的金刚石,是由碳元素构成的。

↑金刚石的碳原子结构图

钻石　石墨笔芯

↑金刚石和石墨都是由碳原子组成的,但是因其碳原子的组合结构不同,使它们具有不同的属性。

💡 卤族元素

卤族元素包括氟、氯、溴、碘和砹等非金属元素。它们大都有毒,会腐蚀皮肤。活跃性从氟到砹依次递减。绝大多数卤化物都溶于水,比如海水里就含有多种卤化物。

↑游泳池里放少量氯气不但能起漂白作用,还能杀菌消毒。

令孩子着迷的100种科学知识

🔆 臭氧杀手——氟利昂

氟利昂是无色、无味、无腐蚀性、不可燃、低毒的气体或液体。最初人们一般在冰箱的制冷剂中使用它，但因为氟利昂对环境污染很大，因此现在世界各国已经限制了氟利昂的生产。

▲ 萤石内部就含有侵蚀能力极强的物质——氟。

note 知识小笔记

白磷在空气中可自燃，故需水封保存，在军事上可作发烟剂、燃烧弹和手榴弹等。

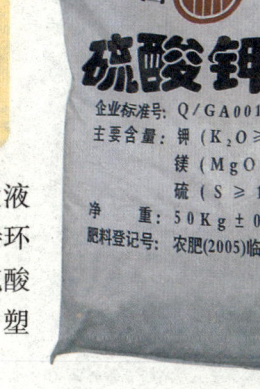

🔆 硫酸

硫酸是一种比重大、无色、油状的强腐蚀性液体，是最重要的化学产品之一，浓硫酸可用来保持环境干燥。在高温硫酸下易与很多金属发生反应。硫酸的用途很广，可以用于制造化肥、燃料、油漆、塑料、洗涤剂和药品等。

◀ 安全火柴只能在含有红磷的表面上划火。顶端有磷化物的火柴在任何地方都能划火。

◀ 在农业方面，硫酸是制造化肥的重要原料。

🔆 磷

磷在自然界中很少单独存在，总是以化合物的形式广泛存在于岩石、矿物、植物和动物中，因此对生物十分重要。

Chemistry / Nonmetal

生命动力——空气

人没有食物可以存活两周，没有水可以活7天，而没有空气却只能维持几分钟。虽然空气看不见，摸不着，但人们通过扇风、吹气、呼吸，又能真切地感受到空气每时每刻都在我们的周围。所以，以空气为研究对象的化学是非常重要的。

空气的组成

空气的成分中，含量最多的是占空气78%的氮气，之后依次是占空气21%的氧气、占空气0.03%的二氧化碳，剩下的就是其他气体，例如惰性气体等。

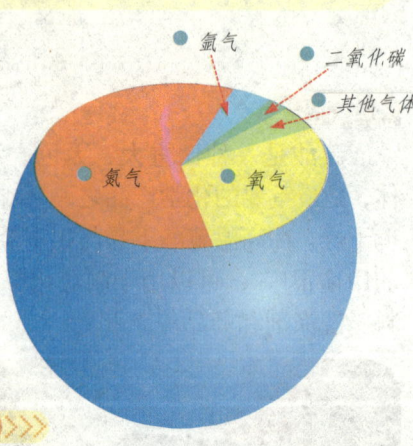

▶ 大气压随地势的升高而降低，也就是山顶比山下的大气压要低。

空气压力

空气的压力最早是由伽利略的学生托里拆利和维瓦尼在1644年测定的。他们测出空气的压力应相当于76厘米汞柱的高度。换算一下，即每平方厘米上的空气压力为1.03千克。

空气湿度

空气中含有水蒸气的数量叫做湿度。当气温下降时,有些水蒸气就变成了小水珠,被称为"露水"。云、薄雾、浓雾都是由在冷空气中形成和飘荡着的小水珠组成。

↓ 工厂排出的大量废气如二氧化硫,和空气中的水混合后,就变成了酸雨,酸雨不但腐蚀建筑物,伤害树木,而且杀死了河里的生物。

↑ 早晨,不同地方的空气湿度有差异,灌丛中的空气湿度最大,裸地的空气湿度最小。

知识小笔记

1755年,苏格兰医生布莱克发现了空气中的二氧化碳。

大气保卫战

臭氧层空洞、酸雨和温室效应是当今人们最关注的环境问题,它们都与大气污染有直接关系。人类保卫大气,保护环境的战斗已经打响。

空气的用途

清洁的空气可以提高人们的工作效率。很多含有二氧化碳气体的饮料可以带走身体的热量;吸尘器、滚筒式洗衣机等家用电器都要利用空气的特性;在工业中,空气可以为物体保温或者降温,可以分离有害烟尘,还可以助燃。

万物之本——氧、氢和氮

空气中含量最多的是氮气，之后是氧气；而氢则是所有生物和矿物燃料中最普遍的元素之一。氧元素在发生反应时会释放出大量的热。氮相对来说化学性质不太活泼。氢气性质比较活泼，很容易发生爆炸，因此在使用氢气前必须进行纯度的检验。

无处不在的氢

地球上的氢很多，因为它是水的组成部分。氢是所有生物和矿物燃料中最普遍的元素之一。在宇宙中，氢的含量也极为丰富，太阳内氢聚变是太阳能的源泉，是供给地球生物生存的最大能源。

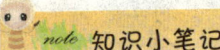
液态氢是航天器的高能燃料

知识小笔记

1868年，瑞典物理学家埃斯特朗发现了氢元素。

氢的用途

化学工业中经常用氢与氮反应合成氨，氨是制造化肥、炸药、燃料和塑料的原料。氢能够把植物油变成人造奶油。氢还是火箭和焊接的理想燃料。

重要的生命元素

氮元素对生命极为重要，空气的80%由它构成。氮气是一种无色、无味、无臭的气体，氮是组成细胞中蛋白质的一种成分。

▶ 植物从土地中吸收氮，动物通过食用植物或其他动物而得到氮。植物、动物殁亡后尸体腐烂，由于细菌作用，体内的氮又回归土地，成为植物所需的氮肥。

▶ 氮主要用于合成氨，由此制造化肥、硝酸和炸药。

氧

氧是地球上含量最多的元素，它是一种无形、无味的气体。氧在空气中与其他气体混合在一起。没有氧，人类就无法生存。许多地方都有氧的踪迹。

地球的防护衣——臭氧

离地表30千米的上空有一层臭氧密度极高的大气层，这是由于空气中的氧遇到了阳光中的紫外线发生光化学反应所产生的。因此在阳光到达地面时，紫外线强度已经减少大半。

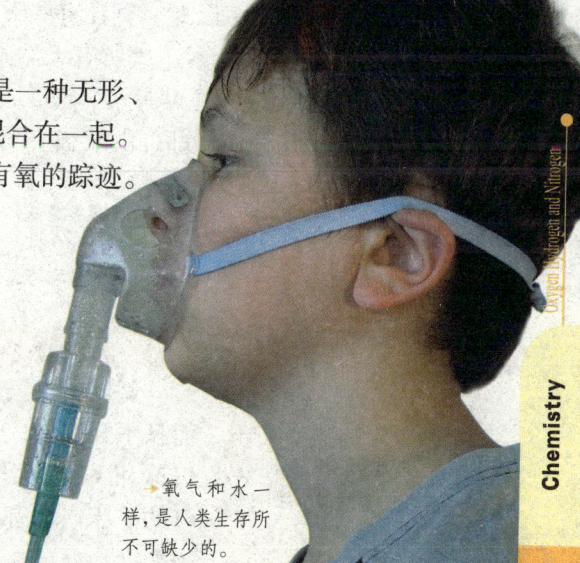

▶ 氧气和水一样，是人类生存所不可缺少的。

少而不凡——稀有气体

稀有气体的熔点和沸点都很低，通常情况下，化学性质很不活泼，因此它们一般被称为"惰性气体"。稀有气体包括有氦、氖、氩、氪、氙和氡6个元素。

稀有气体

稀有气体约占空气的0.94%，其中氩占空气中稀有气体总量的99.7%以上。氦在有些天然气中高达7%。氡为放射性元素，其所有天然同位素都具有放射性。氩、氪、氙还可与水、氢形成笼状化合物。除氦外，其他几种气体都可由液态空气分馏制取。

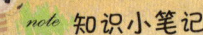
● 氢气易燃易爆，氦气是除了氢气以外最轻的气体，可以代替氢气装在高空气球和飞艇的气囊。

知识小笔记

英国化学家威廉·拉姆齐最早发现了氦，接着又发现了氖、氩和氙，并于1904年因以蒸馏液态空气的方法制备了后三种气体，而获得诺贝尔化学奖。

轻飘飘的氦

氦仅次于氢，是第二位轻气体。氦比空气轻，而且不会燃烧，比氢安全，因此人们常用它来填充气球和飞船。大气中只有少量的氦，但是某些天然气的矿床内却有相当数量的氦，这也是氦气的主要来源。

"闪亮"的氙

氙极为稀少,密度是空气的4倍多,用液态空气分馏法可以生产氙。氙具有极高的发光强度,因而被用于频闪仪和高速摄影照明等需产生强而极短闪光的仪器中。氙最大的特点在于它是第一个被发现能生成真正化合物的稀有气体。

▶ 用氙气灯作汽车的照明灯,光源的亮度和灯的寿命都比卤素灯提升了。

▶ 电灯泡里充氩气可以减少钨丝的气化和防止钨丝氧化,以延长灯泡的使用寿命。

▶ 稀有气体通电时会发光,氖灯会发射出红光,氩气和氦气发出浅蓝色或淡红色光。我们通常见到的霓虹灯就是因为填充了不同的稀有气体而呈现出五光十色。

独特用途

将稀有气体充入灯泡或玻璃管内可以阻止金属钨的蒸发;氦氖激光器可用于测量或通信;各种稀有气体在霓虹灯管中放电时可呈现不同颜色,其中氖灯射出的红光在空气中透射力很强,可穿过浓雾,用于机场、港口航标灯。

坚硬刚强——金属

人们使用的大多数金属制品都有光泽，硬度大，强度高。目前人们所知的金属大约有80种，而且大部分都可以在地壳中发现。除了少数金属是以纯物质状态存在之外，大部分金属都是与其他元素相结合，以化合物形态存在的。

金属的特性

大多数金属有可塑性，受热后的金属更容易塑型。金属既导电又导热，是良导体，这是因为金属里的电子比非金属里的电子移动得更自由。

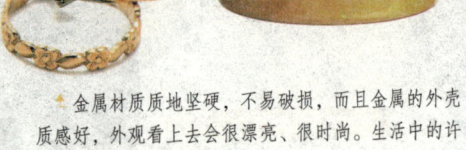

金属材质质地坚硬，不易破损，而且金属的外壳质感好，外观看上去会很漂亮、很时尚。生活中的许多东西都是用金属做的。

● 褐铁矿

● 蓝铜矿

提取金属

地壳里有大量的金属，它们通常以化合物的形式存在于岩石中，被称为矿石。矿石需要经过提纯和化学处理后，才能得到纯金属。

最佳导体——铜

铜的塑性好、易加工、耐腐蚀,特别是铜的导电和导热性除了略逊于银以外,是所有金属中最好的。由于银比较昂贵,因此铜是广泛应用的最佳导体和导热体。

↑ 在远古的时候,都有把铜作为流通的货币的历史。

● 铜线

↑ 生活中的铁制品也是随处可见

知识小笔记

为了照亮地球深处,在黑暗之中看到蕴藏丰富的矿产资源,科学之灯是必需的。
——门捷列夫

坚硬的铁

纯铁是一种有光泽的银白色金属,具有可塑性和延展性。它可以用来铸造农具和炼钢。铁与氯、氧和硫化合后可以形成各种化合物。

↑ 铁碳合金可分为钢和生铁,如今钢已成为世界上使用最多的材料之一,是建筑业、制造业和人们日常生活中不可或缺的成分。

锻造

锻造是一种金属加工工艺。从简单的金属块到复杂的雕像等都可由锻造制出。锻造有多种成型方法,如自由锻、模锻,此外还有连续锻造,就是让熔融的金属通过冷却之后,再经轧辊压制成连续的金属带。

财富象征——贵金属

今天在人们的生活中随处都可见的铝锅、铝壶和易拉罐等铝制品，在一百多年前却是一种稀罕的贵金属。而白银和黄金这两个贵金属，到现在仍旧是财富的象征。

铝的特性

铝是一种银白色金属，其最大特点是轻盈。一块铝的重量仅为同样大小钢的 1/3。铝的导电性只有铜的 60%，但由于比铜轻得多，因此常被用来制作电缆。

▶铝制品

▶一种用金属铝直接压延成薄片的烫印材料，其烫印效果与纯银箔烫印的效果相似，故又称假银箔。

◀罐头盒是由铝金属和其他金属合成的金属制品

铝的冶炼

在铝工厂里，只要将含铝的黏土、矾土和页岩等物质混匀，制成团矿，然后放到熔炉里加热，待矿石烧熔化后，再通过电解获得纯铝。

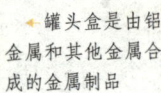

▲纯铝

💡 黄金

金是最早发现和使用的金属之一，化学性质非常稳定，因此就被用作货币。金的另一大用途是做首饰，其实首饰并非都是用纯金做成的，因为纯金太软，容易变形，因此要用黄金与铜或银组成合金，质地就会硬一些。

● 黄金戒指

💡 白银

银是较软的银白色金属，广泛分布在自然界，大多以硫化物存在。银也曾作为货币进行流通，但其贵重程度要比黄金小。现在，银的这种用途已经逐渐消失。

↑ 银杯

> **知识小笔记**
> 人的天职在勇于探索真理。
> ——哥白尼

↑ 铂金

💡 高品质的铂金

铂金是集纯净、稀有以及多种用途于一体的金属。任何金属都不可能完全纯净，而铂金却是其中的例外。它几乎没有杂质，纯度极高，因此不会褪色或变色，能够在时间的流逝中保持光泽。

复杂有趣——冶炼技术

远古时期，人类不明白如何提炼金属，他们只能将石块打磨以后做工具使用。后来，人类发现一些石块经过火焰煅烧会形成新的坚硬物质。于是他们告别了石器时代，开始迈向青铜时期。今天人类已经掌握了多种金属提炼技术，我们将这个技术叫做冶炼。

▲ 冶炼厂

冶炼技术

冶炼是用焙烧、熔炼、电解以及使用化学药剂等方法把矿石中的金属提取出来，减少金属中所含的杂质或增加金属中某种成分，炼成所需要的金属。

生铁和熟铁

一般含碳量小于 0.2% 的铁叫熟铁或纯铁，含量在 0.2%～1.7% 的叫钢，含量在 1.7% 以上的叫生铁。熟铁可塑性好，容易变形，用途不广；生铁含碳很多，硬而脆，几乎没有塑性，但是用途很广。

▶ 生活中常见的各种花形的铁制品都是用熟铁制成，如铁窗、铁凳、铁门等。

💡 铁的炼制

钢的冶炼通常从炼铁开始，铁矿石、焦炭和石灰是炼铁用的原料，这些原料被装入高炉以生产铁水。铁水中含 4%～4.5% 的碳和其他杂质。

▶炼钢过程中热轧工序

💡 炼钢

转炉是炼钢的主要工具，它用炼铁中产生的铁水和废弃钢材为原料，在转炉内通过吹氧，使碳含量降低到 0%～1.5% 以生产钢水。另外，电炉通过熔化废钢和生铁来生产钢水。然后，再用二次精炼工艺来对钢液的成分、温度和清洁度进行细微的调整。

📒 知识小笔记

一个科学家应该考虑到后世的评论，不必考虑当时的辱骂或称赞。
　　　　　　——巴斯德

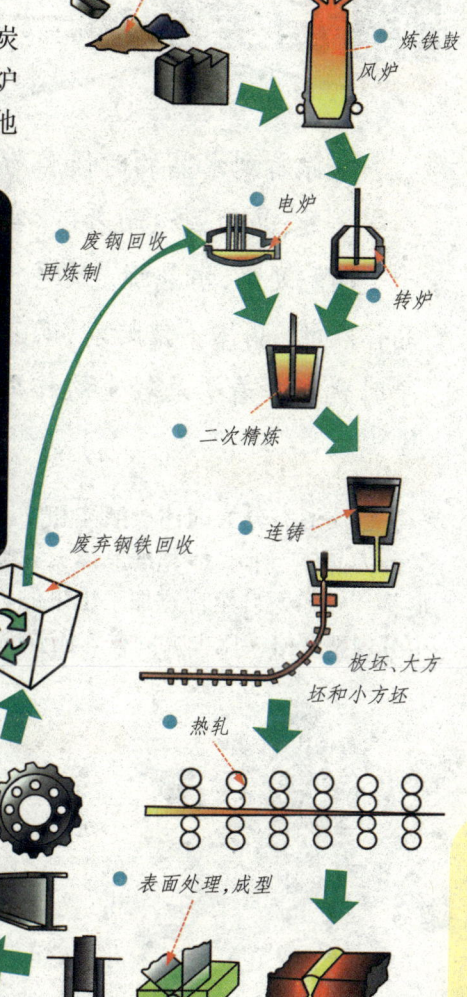

▲冶炼流程图

晶莹剔透——晶体

当你看到水晶的时候会为它的光彩夺目、晶莹剔透而着迷。实际上它和沙子是同胞兄弟,水晶就是无色透明的石英结晶体矿物。晶体不仅好看,而且在今天的电子时代发挥着举足轻重的作用。

固体的分类

物质形态分为固体、液体和气体三个形态。而在固体里又分为晶体、非晶体和准晶体三大类。晶体有着规则的几何形状,好像大自然特意加工出来的一样。其内部原子的排列十分规整严格,比士兵的方阵还要整齐得多。

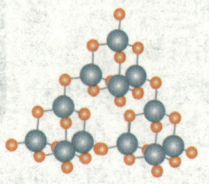

↑水晶的分子结构

晶体

晶体有三个特征:①晶体有一定的几何外形;②晶体有固定的熔点;③晶体有各向异性的特点。如果让你在玻璃、珍珠和雪花里找晶体,你能正确地找到答案吗?答案就是雪花,它是水的结晶体。

↑雪花

↑晶体内部原子有规律的排列使得晶体具有特定的几何形状。

💡 晶体的颜色 ▶▶▶

石英是二氧化硅构成的，但是同样是石英却有着不同的颜色，这是因为石英中搀杂了杂质。纯石英是透明的，称为水晶。另外还有白色、红色或黄色石英。紫色石英的颜色主要来自搀杂其中的铁。

▶石英

💡 水晶 ▶▶▶

水晶、玛瑙等宝石和沙子一样都是二氧化硅构成的。当二氧化硅结晶完美时就是水晶；二氧化硅胶化脱水后就是玛瑙；二氧化硅含水的胶体凝固后就成为蛋白石；二氧化硅晶粒小于几微米时，就组成玉髓、燧石或次生石英岩。

▲水晶

▶红宝石

💡 无处不在的晶体 ▶▶▶

晶体有些是熠熠生辉的，比如红宝石、蓝宝石、绿柱石等，也有朴实无华却又非常实用的，比如我们吃的盐和味精。

📝 知识小笔记

1824年，一位叫弗里希·摩斯的奥地利矿物学家，从许多矿物中抽出10个品种，经过科学实验测出它们的相对硬度，由此得出水晶硬度为摩氏7。

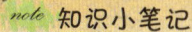

● 食盐

生活基础——有机物

现实生活中我们经常可以听到有机物这个名词,食物是有机物,塑料是有机物,甚至一些玻璃也是有机物。即使你不能确切地知道有机物是什么,但是你可以从生活中知道,有机物对我们很重要。

有机物是什么

有机物也叫有机化合物,在化学上是指那些含有碳氢键的分子。在有机物中,碳元素是最重要的,也是中心元素,除此以外,还含有氢、氧、硫和氮等元素。许多有机物分子中都有一条长长的由碳原子连接起来的碳链。

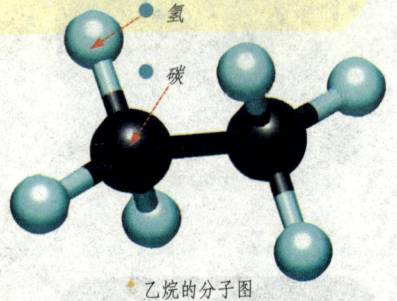

乙烷的分子图

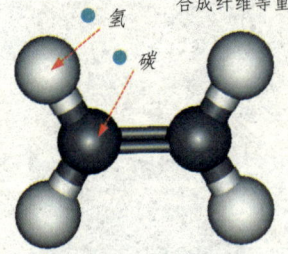

乙烯的分子图

乙烯的用途主要是制造塑料,合成乙醇、乙醛、合成纤维等重要原料。

烯烃

烯烃是一大类有机物,最简单的烯烃是乙烯,在乙烯分子里有两个碳原子和四个氢原子,碳原子之间存在一个双分子键,这样它含有更多的能量,也不太稳定。所有烯烃中都含有这样的分子键。

炔烃

最简单的炔烃是乙炔,乙炔分子中含有两个碳原子和两个氢原子。乙炔很容易燃烧,而且是一种有毒的气体。

葡萄糖

葡萄糖也是一种有机物,它含有 6 个碳原子、12 个氢原子和 6 个氧原子,它能与氧气发生反应降解,释放能量,是生物体内主要的能量来源,也是非常重要的营养物质。

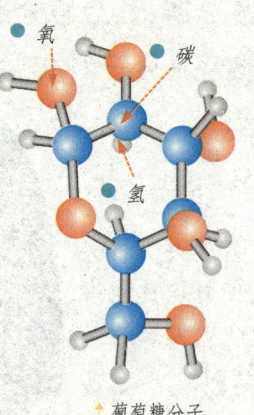

▲ 葡萄糖分子

▲ 乙炔可用以照明、焊接及切断金属(氧炔焰),也是制造乙醛、醋酸、苯、合成橡胶、合成纤维等的基本原料。

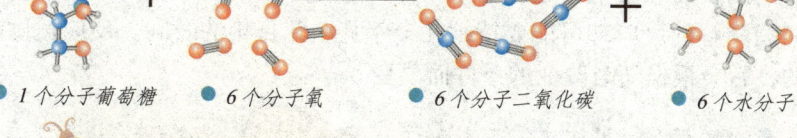

● 1个分子葡萄糖　● 6个分子氧　● 6个分子二氧化碳　● 6个水分子　● 能量

知识小笔记

酒精也是一种有机物,具有强烈的挥发性,所以我们能闻到它的气味。

尿素

尿素是有机化学史上一个重要的发明,人工合成尿素打破了无机物和有机物之间的壁垒,用有力的事实证明了有机物可以从无机物转化而来。

逐渐变化——化学反应

化学反应是把原来的物质分解,然后将分解的物质组成新的物质的过程。生活中的燃烧也是一种化学反应,它是因为可燃物跟氧气反应,释放出了热量。

发酵

面团必须发酵才能制作面包或者馒头,而这个发酵过程其实就是利用面粉中的糖分与其他营养物质,在适宜的生长条件下繁殖产生大量的二氧化碳气体,使面团膨胀成海绵状结构。

▶ 发酵的面团

反应速度

反应依据不同的物品和环境,速度也不一样,爆炸产生的反应速度可快到以秒计算,而塑料袋降解的反应却可能要持续几十年甚至几百年的时间。反应速度不是一成不变的,它会根据随时改变的条件而改变。

● 把面团捏成火山口形状,把中间的凹洞留大一点。

● 将一小撮苏打粉放在火山模型的凹洞里,再滴几滴食用红色素。

● 将醋滴在火山模型凹洞中的苏打粉上,红色的"火山岩浆"就会从"火山口"中流出来。

  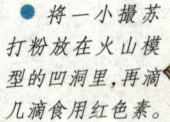 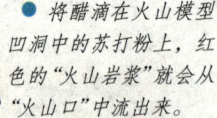 

▶ 苏打粉和醋发生化学反应的示意图

催化剂

化学反应中,有一种参与反应并加快反应速度但是在反应前后没有任何变化的物质,它就是催化剂。比如,在糖表面撒上烟灰,糖可以燃烧,这是因为烟灰可以改变蔗糖燃烧的反应速度,降低蔗糖的燃点。

- 将一小撮蔗糖放在盘子上,用火柴靠近这撮蔗糖,糖发出嘶嘶声并融化,但不会燃烧。
- 将一小撮烟灰撒在另一堆蔗糖的表面,持一火柴靠近蔗糖,直到它开始燃烧。燃烧时的蔗糖会持续一段时间,并发出强烈的蓝色火焰。

↑ 烟灰的催化作用示意图

> **知识小笔记**
>
> 1661年罗伯特·玻义尔就指出,一切设想都得经过实验检验才能判定其正确性。

温度与反应

温度越高,大多数反应越快。这是因为参与反应的粒子在温度增高下有更多的能量,运动得更快。如果温度降低,分子运动就慢了,反应也就慢。因此,食物通常在冰箱里保存的比在正常室温里更久一些。

◀ 夏天温度高,细菌生长快,对食物的分解也因此加快,所以夏天的食物很容易放坏。

吸热反应

在运动员受伤后,常常使用的冷敷方法就是一种吸热反应。它通过破坏旧键所消耗的热量大于构成新键所需的热量,来达到止痛的效果。冰雪融化的时候也会产生吸热反应,融化的同时降低周围温度,所以我们常说的下雪不冷化雪冷,就是这个道理。

变化之学

氧化反应——燃烧

传说宙斯夺去了人间象征文明的火，巨人普罗米修斯却偷到了火种并带给了人类。当火焰燃烧起来的时候，熟悉希腊神话的人们就会想到这个为人类盗取火种的英雄。但传说毕竟是传说，火的燃烧究竟是怎么产生的，还是让我们来看看科学家的解释。

钻木取火

一些物质有自己的燃点，比如火绒和木头。当温度达到这个物质的燃点，这个物质就会燃烧起火。古人利用摩擦生热，在用工具钻木头的摩擦中迅速产生高温，火绒最先达到燃点，然后木头也达到燃点，此时木头就开始燃烧。这就是古人的钻木取火。

▷ 钻木取火

知识小笔记

1897年，英国物理学家克鲁克斯提出了除气态、固态和液态以外的第四形态——等离子态的概念。火就是介于气态、固态和液态以外的等离子态。

◁ 不同的物质燃烧会产生不同的颜色和烟雾，这也成了化学分析的一种方式。比如木材，燃烧时火焰由红色变黄色。烟雾呈灰黑色。

112

光能转化的热能

光可以点燃一些易燃物，有些森林火灾就是在阳光长期暴晒下，温度过高引起的。我们用放大镜将阳光聚集在一点的时候，会发现这个点非常地亮，而且温度很高，当光线足够强的时候，就可以点燃光点下的干燥木材。

▶ 燃烧离不开氧气，灭火器可以把空气与可燃物隔绝开来，以达到灭火的目的。

灭火

要熄灭燃烧的酒精灯不能像吹蜡烛一样，只要将酒精灯盖上，火就会熄灭。这是由于盖上盖子后酒精灯失去了燃烧需要的氧气。同样，用灭火器和沙土等也可以起到阻隔氧气的作用，达到灭火的目的。

氧化反应

燃烧实际上就是一个氧化反应。汽车内燃机内，汽油燃烧释放出了汽车需要的热量。氧气和汽油结合的化学反应生成了一个放热反应，提供了汽车运行所需要的能量。

▶ 烟花是利用各种金属粉末在高热中燃烧而构成各种夺目的色彩。

剧烈反应——爆炸

爆炸是一种剧烈的反应，当发生爆炸的时候，我们可以听到巨大的响声，有的还伴有猛烈燃烧，并使附近的人感到灼热。爆炸的性质和威力不同，所造成的后果也不一样。

膨胀性爆炸

膨胀性爆炸的威力一般不大，比如一个气球因为充了太多的气体而膨胀爆炸，它一般只是制造刺耳的响声，并没有其他更猛烈的爆炸现象。膨胀性爆炸属于物理爆炸范围。

▲ 膨胀性爆炸

◀ 炸药爆炸属于化学爆炸

化学爆炸

化学爆炸通常是剧烈的化学反应引起的，比如可燃物在空气中猛烈燃烧。化学爆炸通常伴有燃烧、强烈的发热和发光现象，会伤害人体和其他物体，威力非常巨大。

放电爆炸

静电释放也会导致爆炸，但是我们日常生活中所遇到的静电爆炸都非常有限，更剧烈的放电爆炸发生在天空中。当云层之间有强烈的放电现象时，雷电周围的空气会被急剧加热，进而膨胀扩张，制造巨大的响声，并伴有强烈的发光和发热现象。

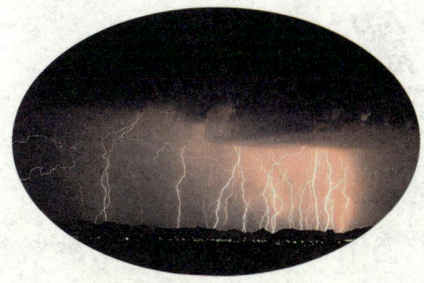

↑当电荷积聚到一定量的时候，就会产生耀眼的光芒。

核爆炸

核爆炸是威力最巨大的爆炸类型，它利用大量原子进行核反应，在极短的时间里释放大量能量，制造剧烈爆炸。核爆炸不需要空气，它可以在任何地方爆炸，一个像菠萝那么大的核原料就可以毁灭一个中等城市。

→原子弹是利用铀235或钚239等重原子核的裂变链式反应原理制成的裂变武器

冲击波

爆炸都会产生冲击波，冲击波的强度和爆炸的威力成正比，我们经常会看到离爆炸点很远的建筑玻璃被震碎，这就是冲击波造成的。

知识小笔记

1937年5月6日，"兴登堡"号飞艇在一场灾难性氢爆炸事故中被大火焚毁，97名乘客和23名乘务人员死亡。

电的魔法——电解

通过电流使化合物分解的过程称为电解。若要使电解形成,化合物必须处在溶液中或者熔融状态下,并含有可移动的带电离子。电解质就是指在这种情况下能导电的物质。化合物通过电解可被一分为二。

电解的秘密 >>>

电解可以将化合物分解为其所含有的各种元素,这是因为离子在电极上失去电荷后,会变回这些元素的原子。电解可应用于从矿石中提炼金属或用在电镀上。

note 知识小笔记

英国科学家法拉第曾经做过一连串有关电解的研究和调查,发觉通过的电量与电解所产生物质的重量有所关联。

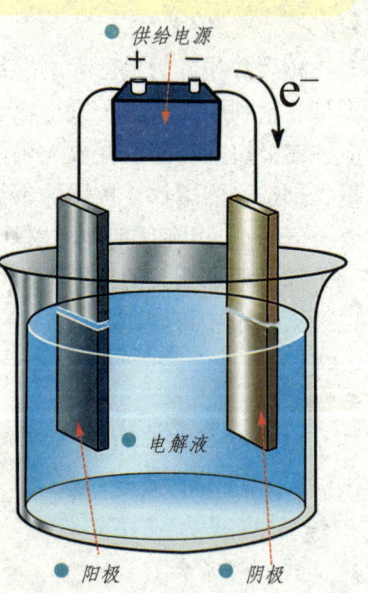

电解是利用电源提供的电压,在阴极将电解质中的金属离子转变成金属单质,在阳极向电解质溶液补充阳离子的过程。

导电的电解质 >>>

电解质就是在水溶液中或是熔融状态下能导电的物质。最常见的电解质是酸、碱和盐,它们在溶于水等溶剂时发生电离,形成离子导电。

电镀

电镀就是用电解法在金属表面沉积一层金属或合金，以防止腐蚀，增加美观，提高耐磨性、导电性等。塑料、半导体、陶瓷等非金属表面，经过适当处理形成导电层后，也可以进行电镀，这类制品在生活中已被广泛使用。

↑ 镀了银的勺子

↑ 镀金饰品

↑ 镀银示意图

↑ 塑料制品电镀以后，被赋予了复合材料的性能，制品表面硬度和耐磨性大大提高，且表面光滑美观，因而塑料电镀的应用日益广泛。

→ 有些能导电的物质，如铜、铝等却不是电解质。因它们并不是能导电的化合物，而是单质，不符合电解质的定义。

生活中的电解质

在日常生活中，有许多物质是电解质，如食盐中的氯化钠。不过类似砂糖、酒精等物质，即使溶于水中也不会发生分解，因此被人称为非电解质。

酸酸苦苦——酸和碱

柠檬的味道是酸的，因为它含有柠檬酸，醋之所以酸是因为它含有乙酸。很多酸有腐蚀性，如果想要减除酸的威力，除了稀释它以外就是加入碱了。因为碱可以中和酸，此外在工业和食品上都会经常用到碱，我们在做馒头和面包的时候就会用到食用碱。

强酸

硝酸和硫酸这类酸属于强酸。它们的分子在水中完全电离为氢和其他离子。我们可以通过像给橙汁对水稀释一样，将强酸用水稀释。这样，溶液中氢离子的浓度减少了，也就降低了酸度。

▲ 在冶金工业和金属加工工业，硫酸可以清除钢铁中的杂质，提高钢的纯度。

弱酸

有些酸，比如橘子、柠檬中的酸就是弱酸。这些弱酸如果溶于水中，只有很少量的分子会电离成氢离子。你可以用减少水浓缩或增加水稀释的方法制备弱酸的浓溶液或稀溶液。

一些水果中含有弱酸

碱

碱在生活中很常见,发酵粉、消化药片、粉笔,或者我们的唾液中都存在碱。有些碱和强酸一样危险,如果沾在皮肤上也会造成一定的灼伤。所有碱溶解于水后都会形成氢氧根离子,碱和酸反应以后,就能生成中性物质。

中和作用

如果你被蜜蜂蛰了,你会感到很痛,这是因为蜜蜂蛰刺中带有碱。这些碱在你皮肤中反应使你感觉痛,如果此时你在伤口上涂上醋或者柠檬汁就会中和这些碱,减轻疼痛。

在抹上肥皂以后我们会感到滑,这是因为碱与皮肤中的油脂作用,并且使油脂脱落溶解。

知识小笔记

瑞典的科学家阿伦尼乌斯因研究电解作用而赢得1903年诺贝尔化学奖。他不但提出溶液中的化合物能电解成离子的观念,而且说明了水溶液的酸性强度是由其中的氢离子浓度决定的。

pH 值和 pH 试纸

pH 值,亦称氢离子浓度指数,是溶液中氢离子活度的一种标度,也就是通常意义上溶液酸碱程度的衡量标准。测量 pH 值时使用 pH 试纸,用玻璃棒蘸一点待测溶液滴到试纸上,然后根据试纸的颜色变化并对照比色卡就可以得到溶液的 pH 值。

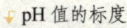
pH 值的标度

pH 试纸

最常见的物质——盐

酸 和碱经过中和作用形成的化合物就是盐。盐的种类也很多,形式上可分为正盐、酸式盐和碱式盐。而我们生活中用到的食盐就是其中一种。

盐的生成

酸和碱在一起可以产生中和反应,同时会生成盐。如果将褐色的氧化铜与稀硫酸混合加热,一种蓝色的溶液就会产生。如果继续加热沸腾,溶液中的水就会蒸发,慢慢地沉淀出蓝色的盐晶体——硫酸铜,这就是盐的一种。

△ 石灰岩里不溶性的碳酸钙受水和二氧化碳的作用转化为微溶性的碳酸氢钙。这种长期侵蚀形成了溶洞景观。

△ 氧化铜和稀硫酸反应生成的硫酸铜

萤石

天然的盐

很多矿石和矿物质都是由盐构成的,包括石灰石(碳酸钙)、石膏(硫酸钙)以及萤石(氟化钙)等。在正常条件下,所有的盐都会形成美丽的晶体。

盐的家族

我们吃的食盐只是盐的一种,学名为氯化钠。在生活中,还有很多盐我们见过但是却不知道它们的真实身份。盐是普通而且非常有用的化学品,熟石膏、火药、颜料、杀虫剂中都含有不同的盐。

↑ 石膏加热失去结晶水后成为熟石膏。人们利用熟石膏粉制成各种洁白精美的石膏制品。

知识小笔记

天才就是这样,终生努力,便成天才。
——门捷列夫

↑ 在盐内,金属来自碱,非金属部分来自酸。因此每种酸都有它自己的盐。上图为硝酸盐。

离子

各种盐都由离子构成,所以盐才能在水中溶化,并使盐溶液导电。例如食盐是由钠离子和氯离子构成的。

人体内的盐

当人的身体出汗时,体内的盐会随之失去。盐对身体健康运转至关重要,出汗可能导致脱水和虚脱。这就是为什么医生嘱咐到热带地区去的人要携带盐片的缘故。这样可以补充因出汗而失去的盐。

干干净净——肥皂和清洁剂

水可以洗去很多脏东西,却没有办法洗去油脂,而肥皂中有一种钠盐却可以分解油脂。所以,人们在洗手的时候会使用肥皂;在洗碗、洗衣服的时候会使用洗涤剂,就是因为它们具有比水更彻底的清洁作用。

💡 最早的肥皂 >>>

最早的肥皂来自古埃及。一次,皇宫里的厨师将油洒了一地,大家在打扫时发现混有羊油的炭灰能将手上的污垢去除干净。法老知道此事后,就吩咐手下人做出沾有油脂的炭块饼,供客人使用。这就是肥皂的雏形。

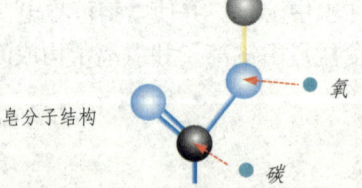

▶肥皂分子结构

📝 知识小笔记

能发出各种香味的香皂因为里面加进了香料和着色剂,所以商场里的香皂总是五颜六色的。

💡 去污的原理 >>>

肥皂有特殊的分子结构,分子的一端有亲水性,另一端有亲油脂性。在水与油污的界面上,肥皂使油脂乳化溶解于肥皂水中;在水与空气的界面上,肥皂围住空气分子形成泡沫。原先不溶于水的污垢,因为肥皂的作用,无法再依附在物体表面,最后就被清洗掉。

💡 肥皂的制作 >>>

把脂肪或油类加热分解成脂肪酸和甘油，脂肪酸再与碱反应，就生成了肥皂。一般来说，在肥皂被制成块状、片状和粉末状之前，要先加进化学药物杀死细菌，再加进颜料、香料和软水。

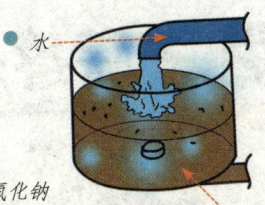
- 水
- 高压下脂肪、油类与热水反应形成脂肪酸和甘油

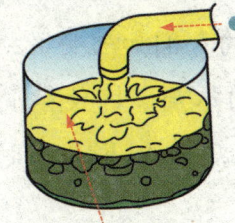
- 氢氧化钠
- 煮沸后，氢氧化钠与脂肪酸反应产生肥皂。

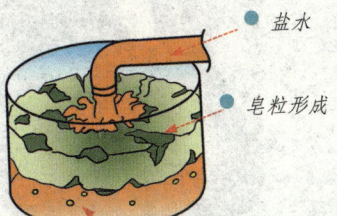
- 盐水
- 皂粒形成
- 盐水溶解甘油。肥皂在盐溶液中是不能溶解的，它作为皂粒升到罐表面。
- 此罐中的高速旋转使肥皂从盐水和甘油中分离出来，排走盐水与甘油，留下纯肥皂。

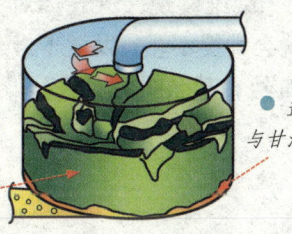
- 盐水与甘油

▲ 肥皂的制造过程

💡 肥皂的分类 >>>

家庭中使用的皂类一般分为三种：碱性肥皂、香皂和药皂。碱性肥皂含碱较多，常用于洗涤衣物；香皂含碱量很少，因为其中加入了一定的香料，所以用来洗脸、洗澡较为合适；而药皂则是在肥皂中加入了少量的消毒剂，除了具有去污作用外，还有一定的消毒杀菌作用。

💡 洗涤剂 >>>

第一次世界大战期间，德国制造肥皂的油料短缺，这就促使化学家们研制了一种合成替代品——洗涤剂。肥皂在与水中的矿物质结合时会产生泡沫，而洗涤剂则不会。经过不断的改进，洗涤剂的清洁效果已远远超过了肥皂。现在，日用化学洗涤剂正在逐步成为人们的生活必需品。

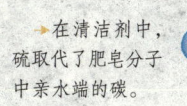
- 钠
- 硫
→ 在清洁剂中，硫取代了肥皂分子中亲水端的碳。

去除疼痛——麻醉剂

十九世纪以前，欧洲的人们如果要实施手术就必须忍受强烈的疼痛。即使很简单的拔牙对他们来说也是相当痛苦的，因为当时没有麻醉剂。

笑气

1789 年，英国化学家汉弗莱·戴维发现一种气体对神经具有奇异的作用，吸入少量就会大笑不止，以至于最后进入昏昏欲睡的状态。所以戴维给它起名叫"笑气"。

▲ 汉弗莱·戴维

知识小笔记

中国三国时期有一个神医华佗，可以用自己配置的麻药让病人在不知不觉中完成手术，他因此成了世界上第一个敢做腹腔手术的人。

◀ 正在使用笑气拔牙

笑气拔牙

笑气被发现后，英国牙科医生韦尔斯吸入足够的笑气以后，请助手拔掉了自己的一颗牙，果然没有觉得疼痛。此后，韦尔斯用笑气作为麻醉剂，成功地为不少患者做了手术。

💡 酒的麻醉

我们常见的食用酒类商品中含有酒精。酒精对人的神经具有一定的麻痹作用，因此过多摄入会使饮用者的神经麻痹，失去知觉。酒精还有另外一个作用，就是用于生产麻醉剂乙醚。

▲ 世界上最早应用乙醚麻醉于外科手术的人——莫顿

▲ 莫顿的第一次麻醉手术

💡 第一次麻醉手术

1846年10月16日，美国莫顿在马萨诸塞综合医院里，当着众多医生和医学院学生的面，为病人吉尔伯特·阿博成功地做了肿瘤切除手术。在乙醚的作用下，莫顿为大家展示了完美的8分钟手术时间。

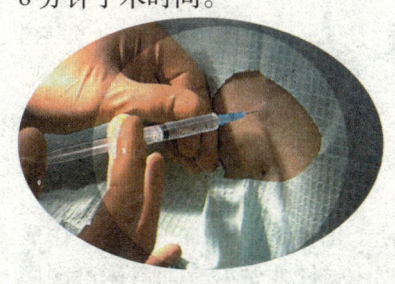

💡 现代麻醉

如今麻醉剂已经花样繁多，虽然以乙醚为主，但是其他类型的麻醉剂也开始应运而生。局部麻醉更多地应用在小型手术中，电脑控制的麻醉机也开始广泛应用。

▲ 医生在为患者做局部麻醉

生活必需物——高分子化合物

No.058

高分子化合物是化学世界中的巨人,它由上千个原子链接而成。不仅是人,就连大自然也在利用这种高分子的特性。

💡 纤维素

纤维素是一种常见的高分子化合物,它的相对分子质量高达上百万,天然的纤维素存在于植物的细胞壁里,是保护植物细胞的物质。

● 氢原子
● 碳原子

▲ 纤维素是世界上最丰富的天然有机物,占植物界碳含量的 50% 以上。棉花的纤维素含量接近 100%,为天然的最纯纤维素来源。

▲ 左图是氯乙烯分子模拟图,氯乙烯分子中的双键被打开,和其他氯乙烯分子连接成长链。

▲ 轮胎最主要的成分为橡胶

💡 橡胶

橡胶是另外一种天然高分子化合物,它的一个分子由成百上千个简单有机物分子组成,弹性非常好,而且耐磨耐腐蚀,在现实生活中有很大用途,比如汽车轮胎。

淀粉

淀粉也是一种自然界存在的高分子化合物，它是由葡萄糖分子聚合而成的，是我们主要的能量来源，我们所吃的食物中大多含有淀粉。

聚乙烯

聚乙烯是人工合成的最简单的高分子化合物，我们日常生活中使用的许多塑料产品都是以聚乙烯为原料制造的。

> **知识小笔记**
> 在历史上，尼龙是第一种人工合成纤维。

如果许多个乙烯手拉手地连接在一起，只要有一定的压力和一些催化剂，就会聚合起来变成聚乙烯。

腈纶

腈纶就是聚丙烯腈，它是一种人工合成的纤维，材质柔软、轻盈、保暖和耐腐蚀，因此在纺织和制造领域有十分广泛的用途。腈纶还具有很好的着色性，能够被染成多种颜色。

腈纶有人造羊毛之称，它特别适合与羊毛混纺制成毛线、毛织物等。

令孩子着迷的100种科学知识

轻便廉价——塑料

生活中从箱子、瓶子到电脑、家具，几乎任何物品都可用塑料制造。塑料不像木材之类的传统材料，它可以做出质地特殊的东西，例如具有特殊强度或弹性的物品。塑料制品可以像玻璃一样透明，也可以呈现出各种不同色彩。

💡 塑料的制造 >>>

生产塑料制品的方法主要有两种，分别为吹塑法和挤压法。吹塑法就是先将加热后的塑料放进模具中，然后合上模具，压缩空气以使塑料在模具中挤压成型。挤压法是将塑料颗粒经过料斗进入料筒，加热后变成液体，在螺旋装置的挤压下通过模具和芯棒，模具和芯棒使塑料成型为管子。

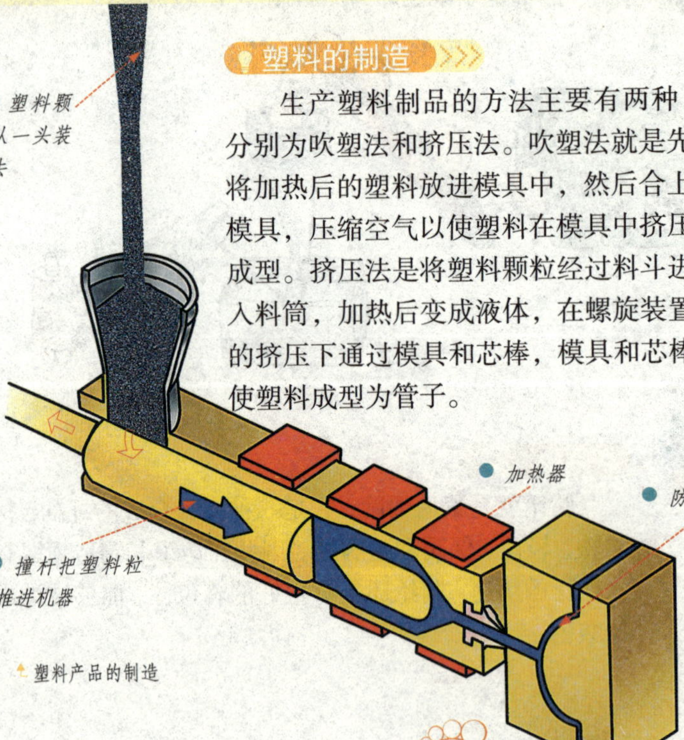

- 塑料颗粒从一头装进去
- 加热器
- 防护帽模具
- 撞杆把塑料粒子推进机器
- 塑料产品的制造
- 防护帽成品

令孩子着迷的100种科学知识

💡 合成树脂

合成树脂是人工合成的高分子化合物,它在受热的时候会变软,因此具有很好的可塑性。一些合成树脂材料具有很好的光学特性,可以用来制作有机玻璃或者镜片。

> **知识小笔记**
> 神奇的预言是神话,科学的预言却是事实。
> ——列宁

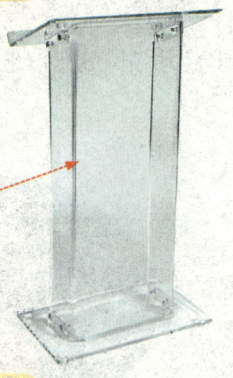

● 有机玻璃因为具有高透明度,低价格,易于机械加工等优点,成为平常使用的玻璃替代材料。

● 有机玻璃

💡 能导电的塑料

有一种酷似金属的塑料,是一种复合型导电高分子材料。它是用聚乙烯、聚吡咯、聚噻吩、聚苯胺等高分子聚合物的塑料搀杂某种离子,通过特殊的处理和反应而成的,兼有导体和塑料的优点。

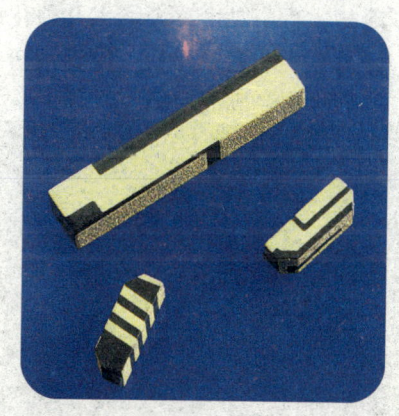

▶ 塑料芯片

💡 塑料的回收

随着垃圾问题的日益尖锐,如何处理废塑料已成为一项关键的课题。人们在新开发的系统中使用了炼油催化剂,它能以高产量回收废塑料制成燃料油。

火山的杰作——玻璃

玻璃是将石英砂、石灰石、纯碱加热至熔融，经过冷却、固化而形成的一种非结晶性和无定形状态的无机物。由于配方不同，玻璃有许多种。在人们现在的生活中，玻璃也起着越来越重要的作用。

火山的作品

玻璃是一种熔融时形成连续网络结构，冷却过程中黏度逐渐增大并硬化而不结晶的硅酸盐类非金属材料。玻璃最初由火山喷出的酸性岩凝固而取得。

▲ 火山岩浆

▲ 中世纪欧洲的玻璃制造场

埃及人的发明

相传早在五六千年前，古埃及人就发现了玻璃。约公元前3700年，古埃及人已经可以制造出玻璃装饰品和简单的玻璃器皿，但当时只有有色玻璃。

平板玻璃

最古老的平板玻璃是把熔化的玻璃注入平整的泥模做成的。1884 年,英国的钱斯兄弟发明了新的平板玻璃工艺,他们将熔化的玻璃液体倒在倾斜的平面上,并用一对碾子在上面碾压,然后再将这些玻璃磨光。

↑ 平板玻璃多用在门窗上

> **知识小笔记**
> 变色玻璃是在普通玻璃中加入了适量的溴化银和氧化铜的微晶粒。

● 强光时玻璃为深色

↑ 现代大厦充分利用到变色玻璃

变色玻璃

变色玻璃是在普通玻璃中加入了适量的溴化银和氧化铜的微晶粒。当强光照射时,溴化银分解为银和溴,分解出的银的微小晶粒,使玻璃呈现暗棕色。当光线变暗时,银和溴在氧化铜的催化作用下,重新生成溴化银,于是,镜片的颜色又变浅了。

↓ 钢化玻璃有很强的硬度

钢化玻璃

钢化玻璃是用普通平板玻璃或浮法玻璃加工处理而成。普通平板玻璃要求用特选品或一等品;浮法玻璃要求用优等品或一级品。它的抗弯强度是普通玻璃的 3～5 倍,耐急冷急热性质是普通玻璃的 2～3 倍。

缤纷绚烂——陶瓷

矿石在烈火中煅烧,可以炼成钢铁。泥土在火焰中燃烧会产生什么?多数人会回答是砖,其实泥土在更早的时期主要是烧制陶器和瓷器。人们在劳动中学会了制作陶器,为生产生活带来了方便,陶瓷技术也成为人类历史上的重大发明。

陶器

陶器是用黏土捏制成型晾干后,用火烧出来的,是泥与火的结晶。从河北省阳原县泥河湾地区发现的旧石器时代晚期的陶片来看,中国陶器的产生距今已有11 700多年的悠久历史。

● 距今约5 000多年前的陶盆

中国的瓷器制作有着悠久的历史。青瓷作为瓷器的代表在三国时期已经形成。

瓷器

瓷器是中国劳动人民对世界文化的重大贡献。在公元前16世纪的商代,中国就出现了早期的瓷器。但是瓷器原料与陶器不同,瓷器烧制原料是富含石英和绢云母等矿物质的瓷石、瓷土或高岭土,烧制温度也高于陶器。

令孩子着迷的100种科学知识

💡 唐三彩

唐三彩是一种盛行于唐代的陶器，以黄、褐、绿为基本釉色（有时也会有天蓝、褐红、茄紫等颜色），后来人们习惯地把这类陶器称为"唐三彩"。常见的出土唐三彩陶器有三彩马、骆驼、仕女、乐伎俑、枕头等。

▲ 唐三彩骆驼载乐俑

📝 知识小笔记

陶器的烧制温度在600～900℃，而瓷器的温度在1 200℃左右。

💡 彩色陶瓷

色彩鲜艳的物品总是受到人们的喜爱，陶瓷制品也是一样，但并不是所有的陶瓷制品都是越鲜艳越好。色彩鲜艳的陶瓷含有的金属添加剂多，做餐具的话，还是选择素淡一些的陶瓷更健康和安全。

▲ 彩色陶瓷

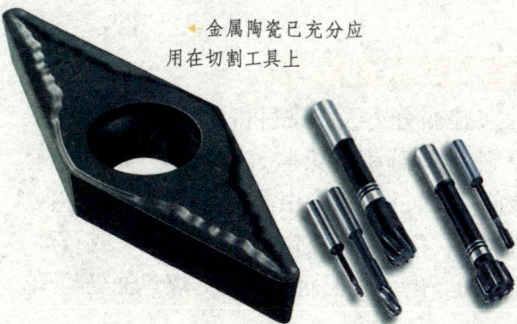
◀ 金属陶瓷已充分应用在切割工具上

💡 金属陶瓷

人们将一些金属细粉放在了黏土里烧制出的金属陶瓷，能够抵挡5 000℃的高温。金属陶瓷不仅用在了火箭的外壳上，还可以用来切割金属。

色彩斑斓——染料和颜料

大自然的色彩斑斓使得人类天生具有对色彩的爱好，因此人类用染料和颜料来渲染自己多彩的生活空间。从衣着、饰品到汽车、建筑，处处都有颜料和染料的身影，这些染色品已经成为了我们生活中不可缺少的用品。

💡 染料 >>>

染料是能够溶解于水的染色剂，能进入纤维的每一个角落和缝隙，并通过化学反应与织物纤维紧密结合。

▲ 我国唐代彩色瓷器上的蓝色也是钴的化合物着色的

▲ 古时人们印染时，将织物放入加有植物染料的锅中沸煮，就可以达到高温染色的效果。

💡 染料的分类 >>>

染料分为天然染料和合成染料两大类。天然染料分植物染料，如茜素、靛蓝等；动物染料，如胭脂虫等。合成染料又称人造染料，主要从煤焦油分馏出来（或石油加工）经化学加工而成，俗称"煤焦油染料"。

天然染料与合成染料

天然染料与生态环境的相容性好，可生物降解，而且毒性较低，生产这些染料的原料属于可再生资源。而合成染料的原料是石油和煤炭，这些资源不可再生，消耗快。因此，开发天然染料有利于保护自然资源和生态环境。

▲ 在非洲一些地区，至今还保留了用天然染料染布的工艺。

> **知识小笔记**
>
> 1857年，英国人威廉·珀金建立了生产苯胺染料的工厂，成为合成染料工业的开拓者。

▼ 现代的绘画颜料由人工合成的化学物质做成，色彩丰富，类型多样。

颜料

颜料是可以使物体被染上颜色的物质。它具有可溶性和不可溶性的区别，也有无机的和有机的区别。颜料的使用从远古时期就开始了，当时人们尝试用磨碎的彩色贝壳来做颜料绘画。

油漆

油漆靠颜料着色，但它需要一种溶剂使油漆易于流动，还需要一种被称做黏合剂的化学物品使颜料固定到位。油漆中使用的溶剂一般为香蕉水，它易挥发，有强烈气味。

▲ 油漆

大楼的基础——建筑材料

自从人类学会了建筑房屋、桥梁、道路等建筑后,所使用的建筑材料都是根据居住地的气候、可利用的资源以及生活方式决定的。随着科学技术不断地发展,建筑材料也相应地发生了变化,从最早的天然材料石块、木头,渐渐发展到方砖、水泥等。

▲原始人居住的茅舍

土坯和砖

土坯房是在砖成为普通建材前中国北方农村的主体房舍。制作土坯的方法有很多种,最常见的就是将泥放入模子中压实,形成土坯。将土坯放在窑里烧制而成的建材就是砖。

▲土坯建筑

混凝土

混凝土是用石灰与沙子、沙砾和小石头混合制成的。在混合物里加水后,就变成厚重的浆并且会慢慢地凝固。混凝土作为建材的优点很多,它便宜、耐用、耐压、耐水、耐火,还具有可塑性,而且原材料也随处可见。

知识小笔记

悉尼歌剧院的贝壳外形是由混凝土构架建成的。

搅拌机将水泥和其他建筑材料合在一起搅拌成水泥浆

水泥

建筑用的水泥是用石灰石粉和化学材料混合制成的一种黏合剂。它是重要的建筑材料，用水泥制成的砂浆或混凝土，坚固耐久，广泛用于土木建筑、水利、国防等工程。

在现代建筑领域，金属钢架和水泥浇注是两个极为重要的环节。

金属建材

金属建材在现代建筑中是必不可少的。如铁可用于制造钢筋混凝土，现代住宅中，铁、锌、铝成为输水管道的理想材料，而铜则广泛应用于输电线路和热水管道。

塑料棚既保温，透光性又好，很适合植物的生长。

特殊的现代建材

在现代建材中，塑料也占有着重要的一席之地，尤其在制造排污管道上，塑料得到了普遍使用。此外，塑料还是重要的隔热和防水材料。因此在建筑业上应用十分广泛。

令孩子着迷的 100 种科学知识

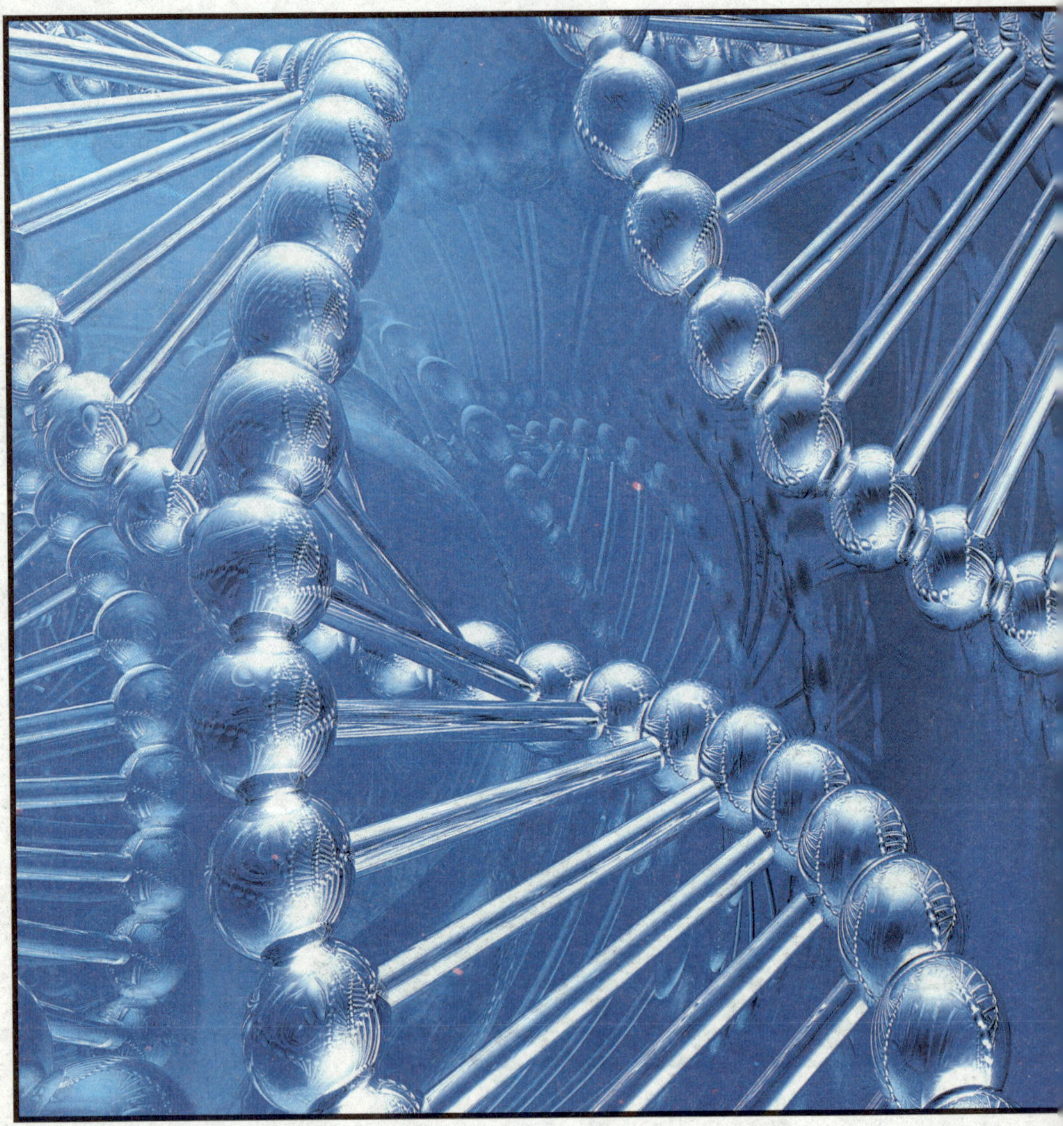

令孩子着迷的100种科学知识

生命科学

对于地球来说,生物是宇宙给它的馈赠。正是因为生物的存在,使得这颗蓝色的星球充满了活力与生机。人类作为生物中的智慧群体,对于生物发展、进化、变异等思考从来都没有停止过。

万物根本——生命的起源

生命的起源一直都是科学家研究的课题,现在人们普遍认为生命起源于海洋。历史上对这个问题也存在着诸多的假设和猜测,并伴随着很多争议。不过随着科学的发展,人们对生命起源的问题有了更合理和深入的研究。

神造说

神造说认为地球上的各种生物都是由神创造出来的。这个假说是在科学产生以前,由于人类对世界认识的不充足而提出的。不过从这个假说也能够看出人类早期对生命的探知和思考。

原始海洋中的生命迹象

在中国的传说中,女娲抟土造人,制造了万物生灵。

自然发生说

自然发生说又被称为"自生论",认为生物可以随时由非生物产生,或者由另一些截然不同的物体产生。中世纪时就有人认为,树叶落入水中变成鱼,落在地上则变成鸟。

化学起源说

化学起源说是被广大学者普遍接受的生命起源假说。这一假说认为，地球上的生命是在地球温度逐步下降以后，在极其漫长的时间内，由非生命物质经过极其复杂的化学过程，一步一步地演变而成的。

▶1953年，美国科学家米勒用放电的方式，把甲烷和一些无机物气体合成氨基酸，从而证明生命物质可以从无机物转变而来。

宇宙生命论

宇宙生命论认为地球上最初的生物来自别的星球或宇宙的"胚种"，它们可以通过光压或陨石而到达地球。这种假说在19世纪时曾经很流行，至今还有少数科学家在坚持。

▶有些人认为生命产生于彗星，在彗星或陨石撞击地球时，这些有机分子经过一系列的合成而产生新的生命。

生源论

生源论认为生物不能自然发生，只能由其亲代产生。17世纪意大利医生雷迪首先用实验证明腐肉不能自然生蛆，蛆是苍蝇产卵后孵化出来的。不过生源论并没有回答最初的生命是怎样形成的。

知识小笔记

我在科学方面所作出的任何成绩，都只是由于长期思索、忍耐和勤奋而获得的。

——达尔文

万物历程——生命的进化

多数生物不会一直保持我们今天所见的样子。在很多年以前它们从不同的形态进化到今天的样子,许多年以后,它们还会进化成其他的样子。我们人类也是一样,也许你很难想象,我们和猿猴是由共同的老祖先进化来的。

进化论

1859年,达尔文在他撰写的《物种起源》里阐述了进化论。他首次向人类勾画出生命由简单到复杂、由低级向高级发展的图式,为生命科学的研究和发展奠定了科学基础。后来又在《人类起源》一书中提出人类起源于远古灵长类动物的观点。

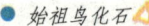
● 始祖鸟化石

化石的记载

生物学家主要通过研究古生物化石来印证他们对古生物进化的推断。一些重要的化石甚至可以表明生物的一个重要类群可能是从另一类群演化而来的。例如从化石上看,始祖鸟和现代鸟类并不像,但是它们却有联系。

人类的进化

人是从古代的类人猿进化而来的。但是，不是所有猿都是人类的祖先。人类只是从一部分猿类进化来的。200万年前，人类大脑只有现在人类的一半，而科学家也大胆地推测未来100万～200万年之后，人类的大脑将继续进化，继续变大。

↑ 英国生物学家查尔斯·达尔文

↑ 达尔文的进化论认为人是由一部分猿类进化来的。

知识小笔记

英国博物学家华莱士曾经研究过生物的分布情形，也与达尔文共同研究进化论，但后来他将这个发现让给了达尔文。

自然选择

在达尔文的论述中强调了"自然选择，适者生存"的道理。恐龙灭亡和人类主宰地球都是适应了这个道理。在一个物种上看，不常用的部分会慢慢退化，比如我们的尾巴都没有了，只保留一小段尾骨。

人为的选择

当科学家开始了解生物的进化规律以后，就可以人为地改变生物的进化方式。比如袁隆平研制的高产量水稻；在苹果树上嫁接梨树可以长出带有苹果味道的梨；还有转基因植物。

← 在很久以前，长颈鹿的祖先有的脖颈长，有的脖颈短。由于栖息地气候的变化，地上的食物减少了。脖颈长的长颈鹿因为能够着树上的枝叶而生存了下来，而那些脖颈短的因为吃不到足够的食物而被淘汰了。

分门别类——生物分类

自然万物大致可分为有生命物质和无生命物质,我们将那些有生命的物质叫做生物。随着科学的发展,科学家开始了一次重新的划分,将生物界按照特点重新划分成了五大部分:真菌界、植物界、动物界、原核生物界和原生生物界。

真菌界

真菌界的生物靠吸收其他生物所产生的物质为生。有些真菌很微小,如用于面粉发酵的酵母菌;有些真菌被我们当做食物,比如冬菇、草菇、木耳、云耳等。

▶ 在阴暗潮湿的热带雨林下,在枯枝倒木或蓬松的腐殖物上,人们常能看见形态各异、色彩斑驳的真菌类生物。

植物界

植物界的生物通常都会利用光合作用获取阳光中的能量制造养料。植物界的成员不仅生活在陆地,有些也生活在海洋里。比如海莲、红树、海带等。

◀ 生长在湿地的红树

令孩子着迷的100种科学知识

动物界

动物是生物界中的一大类。动物一般不能将无机物合成有机物，只能以有机物为食物，例如植物、动物或微生物。动物具有与植物不同的形态结构和生理功能，以进行摄食、消化、吸收、呼吸、循环、排泄、感觉、运动和繁殖等生命活动。

昆虫是动物界中最大的一个类群，无论是个体数量、生物数量、种类与基因数，它们在生物多样性中都占有十分重要的地位。

原核生物和原生生物

原核生物是单细胞生物，以细菌和蓝藻为主。这些生物细胞简单，只有原始的细胞核区，而较高级的生物都具有含真核的细胞。原生生物界由含有真核的单个细胞的生物组成。

● 原核生物蓝藻

微生物

微生物是包括细菌、病毒、真菌以及一些小型的原生动物等在内的一大类生物群体，它个体微小，多数微生物都无法被肉眼识别，但是却与人类生活密切相关。

显微镜下的微生物

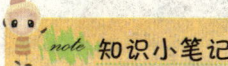

知识小笔记

18世纪，瑞典植物学家林奈发明了一套生物命名及分类的方法。

Species of Biology

Biology

生物基础——细胞

细胞是构成生物体的基本单位。每个细胞都像一个微型工厂一样,在这座工厂里,数以千计的化学反应在精心的控制下进行。

▲ 卵细胞是最大的细胞。蛋是由单个的卵细胞分裂而来的。

细胞的大小

大多数动物细胞的直径在 10 ~ 20 微米之间。植物的细胞略为大些。最小的独立生存的细胞是一种称做支原菌的细菌,这种细胞的直径只有 0.1 微米,也就是万分之一毫米。卵细胞是大型细胞,鸵鸟的卵细胞直径可达 25 厘米。

知识小笔记

1665 年,英国科学家胡克用自己制造的显微镜来观察植物薄片,发现一种盒状结构,并将它命名为"细胞"。

不同细胞的不同机能

不论是动物还是植物,每种细胞都有自己特定的工作。脂肪细胞存储脂肪,神经细胞游走于人体各部分传递信息,红血球输送氧气,白细胞是健康的卫士。

▲ 红细胞

红细胞

红细胞只能存活大约 120 天,但它却要在人体中来回往返 160 千米,相当于自己"身长"的 200 多亿倍。如果让一个身高 160 厘米的人走出自己身高 200 多亿倍的距离,相当于让他绕地球行走 800 多圈。

💡 细胞核

细胞核是细胞的指挥中心。它内部有脱氧核糖核酸分子,控制着整个细胞的活动。脱氧核糖核酸会以很长的双链结构向外伸展,它也是控制遗传的主要因素。

💡 动物细胞

动物细胞内包含了很多液体,像一只又湿又软的小口袋。细胞外围包围着一层薄而具有弹性的透明细胞膜。细胞的中央有细胞核,细胞核控制着细胞内的一切活动。包围细胞核的液体称做细胞质。在细胞质内还有很多细胞器,它们都有各自的职能。

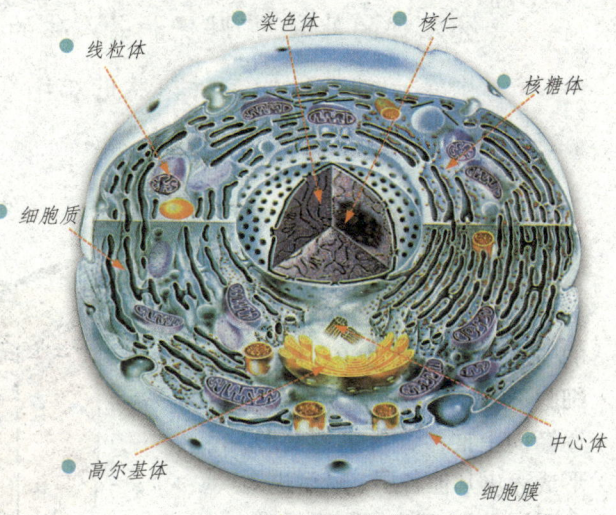

▲ 动物细胞结构图

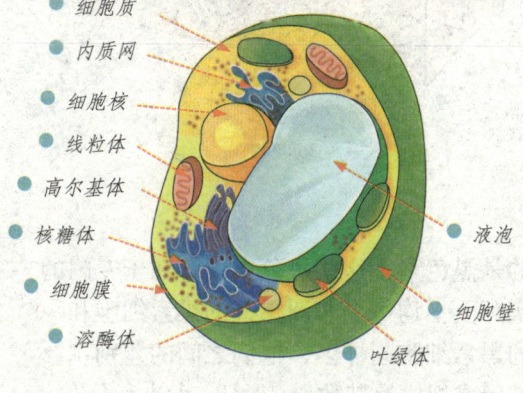

▲ 植物细胞结构图

💡 植物细胞

植物细胞和动物细胞不同,它们的细胞壁很厚,包围在细胞膜外面。植物细胞含有一种叫叶绿体的细胞器,植物的绿色就是来自这个叶绿体。大多数植物细胞都有很大的液泡,液泡是细胞的储藏室。

人体外衣——皮肤和肌肉

作为人体的外衣，皮肤保护着人体的器官和内部结构。而肌肉则是一种特殊的呈纤维状的结缔组织，能按照人的需要放松或者收缩，做出各种各样的动作。

皮肤的构造

皮肤包括表皮、基底层和真皮层。表皮层是皮肤最外面的一层，平均厚度为0.2毫米；细胞不断分裂生成新的细胞并逐渐向上推移、角化、变形，形成表皮其他各层，最后进入角质层脱落；真皮层则由纤维、基质和细胞构成。

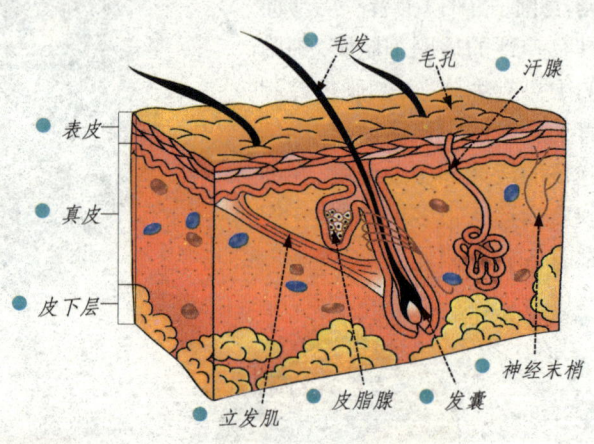

▲ 皮肤构造示意图

知识小笔记

皮肤是人体最大的器官，总重量占体重的5%~15%，总面积为1.5~2平方米。

肤色

决定肤色的是黑色素，这些黑色素仅存在于专门的细胞组织内。实际上平均每个非洲黑人的黑素细胞和一个欧洲白种人的黑素细胞同样多，他们之间的差别主要是表皮内黑素粒形成规模及其数量、形状、大小和分布。

肌肉的种类

肌肉可分为骨骼肌、平滑肌和心肌三种类型。骨骼肌连接着骨头,它的收缩能够带动相关的骨骼一起运动。平滑肌能自主地、有节律地收缩,帮助食物消化。心肌不停地规律性收缩,以支配血液循环。

肌肉内部

每块骨骼肌由一层坚韧的外肌膜包覆,里面则是一束束由肌纤维组成的肌束,而且每捆肌束又各有肌膜包覆。每条肌纤维由许多肌原纤维组合而成,肌原纤维是肌肉收缩的基本单位。

肌肉衰老

人类随着年龄不断增长,控制骨头运动的横纹肌的弹性纤维会逐渐被结缔组织所代替。结实的结缔组织缺乏弹性,使肌肉不能强力收缩。所以当人到老年时,肌肉的力量衰退,反应也迟钝了。

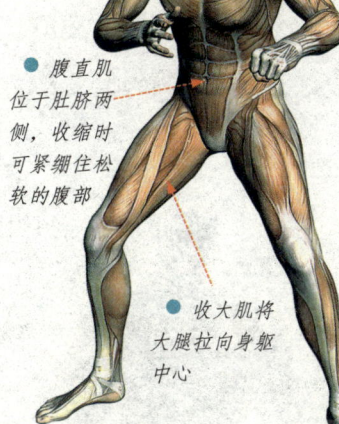

- 嚼肌能使张开的嘴闭合
- 腹直肌位于肚脐两侧,收缩时可紧绷住松软的腹部
- 收大肌将大腿拉向身躯中心

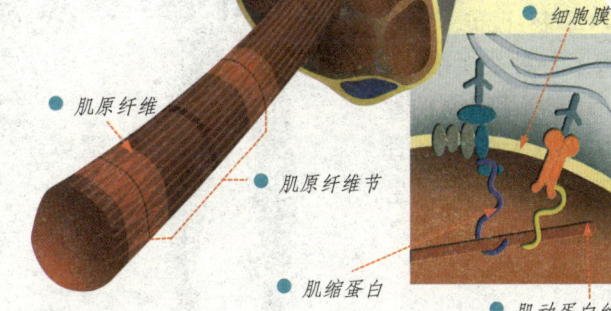

- 肌肉
- 肌束
- 慢纤维
- 快纤维
- 肌纤维
- 细胞膜
- 肌原纤维
- 肌原纤维节
- 肌缩蛋白
- 肌动蛋白丝

人体支架——骨骼和关节

骨骼是人体的支架，支撑着人的整个身体。人的体内共有206块骨头，它们大小不一，各有各的功能。骨骼与骨骼通过关节连接，在肌肉的作用下自由运动。

骨和骨髓

骨是由骨膜、骨质和骨髓三部分组成的。骨髓是骨内部空腔内的一类造血物质，它有两种成分：一种是呈红色的红骨髓，另一种是呈黄色的黄骨髓。红骨髓上布满了各种造血细胞，所以婴儿和儿童的骨中会有大量的红骨髓，以满足他们的生长需要。

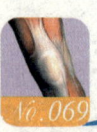

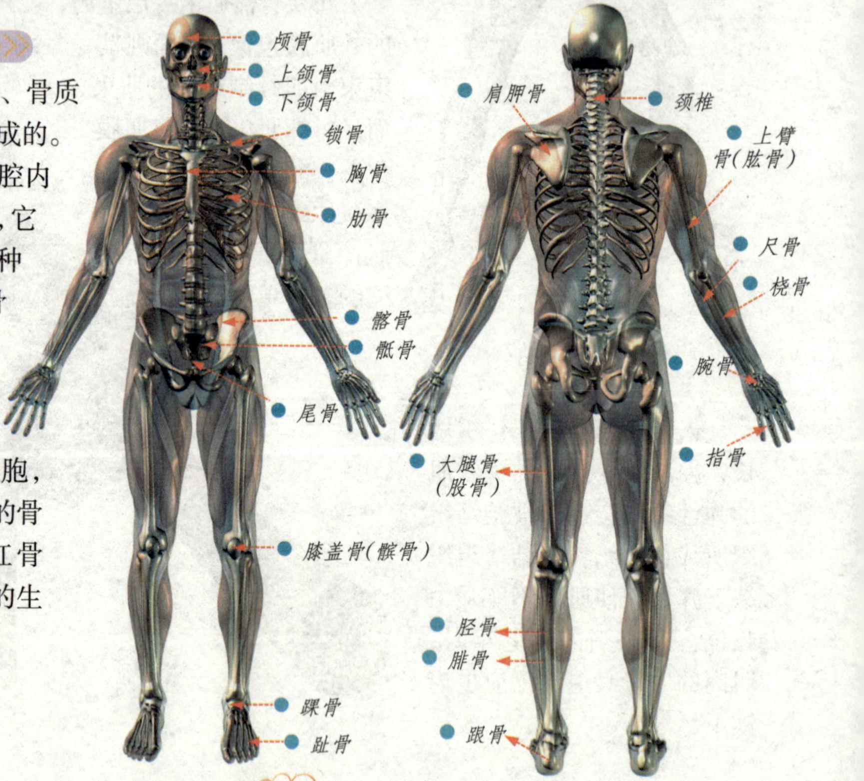

- 颅骨
- 上颌骨
- 下颌骨
- 锁骨
- 胸骨
- 肋骨
- 髋骨
- 骶骨
- 尾骨
- 膝盖骨（髌骨）
- 踝骨
- 趾骨
- 肩胛骨
- 颈椎
- 上臂骨（肱骨）
- 尺骨
- 桡骨
- 腕骨
- 指骨
- 大腿骨（股骨）
- 胫骨
- 腓骨
- 跟骨

🔆 脊柱

在人体内最重要的中心支撑骨骼是脊柱，成人脊椎由26块椎骨构成。每块椎骨的中心都有一个孔，这些孔构成一个管道，骨髓在其中穿行。

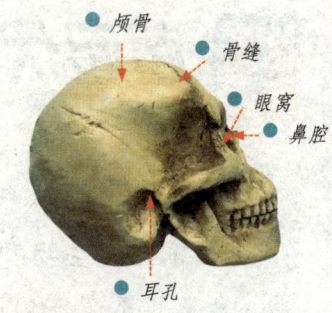

- 颅骨
- 骨缝
- 眼窝
- 鼻腔
- 耳孔

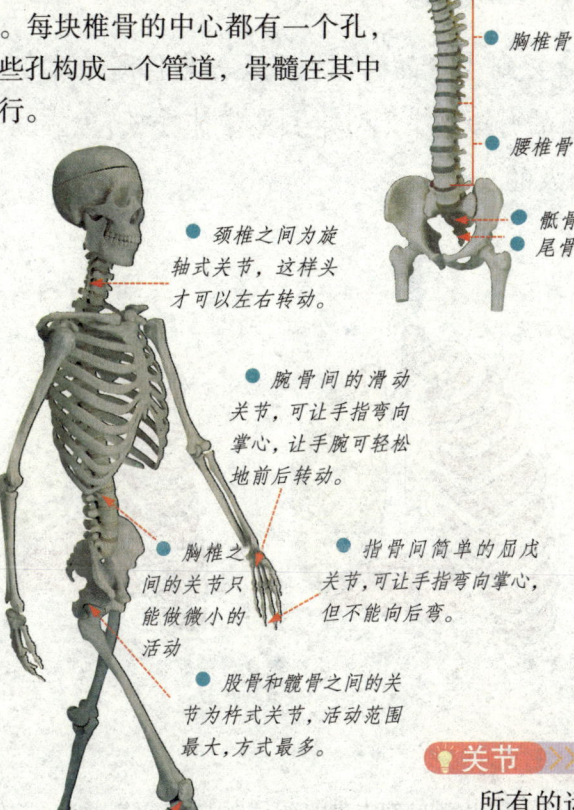

- 颈椎骨
- 胸椎骨
- 腰椎骨
- 骶骨
- 尾骨

- 颈椎之间为旋轴式关节，这样头才可以左右转动。
- 腕骨间的滑动关节，可让手腕弯向掌心，让手腕可轻松地前后转动。
- 胸椎之间的关节只能做微小的活动
- 指骨间简单的屈戍关节，可让手指弯向掌心，但不能向后弯。
- 股骨和髋骨之间的关节为杵式关节，活动范围最大，方式最多。
- 膝关节为枢纽式关节，可做屈、伸、内旋、外翻等形式的运动。

🔆 颅骨

颅骨是保护脑和感觉器官的骨骼，它由23块骨组成。但颅骨通常看上去像一个完整的骨骼，这是因为骨与骨之间被关节紧紧地连在了一起。

📝 知识小笔记

人造关节用的材料是不被人体细胞组织排斥的金属、陶瓷或塑料等。

🔆 关节

所有的运动都离不开关节的作用，它将骨与骨之间紧密地连接起来，这些相连的地方都是人体比较特殊的部分。在肌肉带动下，骨向不同的方向伸展运动。

起起伏伏——呼吸系统

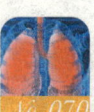

从生下来的第一声啼哭到生命的终结，呼吸一直伴随着我们。不同的生物有不同的呼吸方式，人类主要靠肺呼吸，鱼靠鳃呼吸，鸟类甚至还有用于呼吸的气囊。

💡 呼气和吸气

肺在吸气的时候会扩充，因为它们借着体液紧贴在胸壁内面，所以可随着胸壁起伏而胀缩。呼气时，横膈和肋间肌会放松，肺就像是泄气的气球般回复原状，同时排出空气。

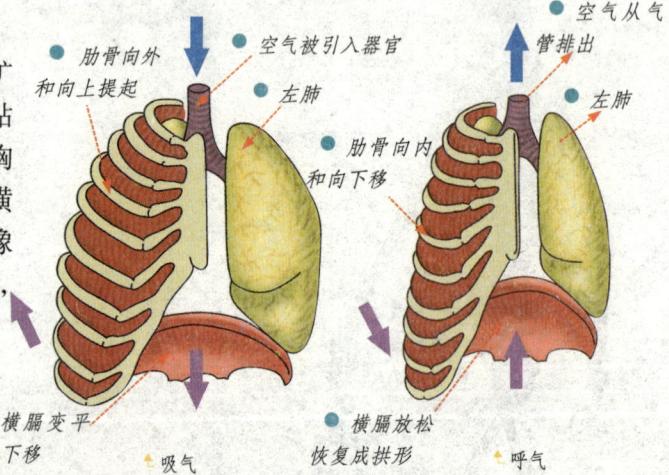

💡 支气管树

我们的肺里密布着支气管组成的树状空气通道。首先，气管分支成两条支气管，进入左右肺。之后，每条支气管继续分支，次数高达 15 或 20 次，形成数千条细微的小支气管，最小的甚至比头发丝还要细。

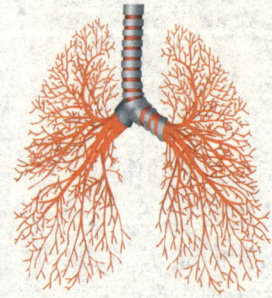

▲ 支气管组成的树状空气通道

💡 肺活量

在我们体检的时候通常会有肺活量这项,肺活量是反映肺在一次呼吸活动中最大的通气能力。一个人肺活量的大小和年龄、性别、身材、健康状况等因素有关。成年人的肺活量为 2 500 ~ 4 000 毫升。

💡 鱼类的呼吸

鳃是鱼类的呼吸器官,位于口咽腔两侧对称排列。有些鱼类为适应某种特殊的生活条件,除鳃以外,还可通过皮肤(鳗鲡、鲇鱼、弹涂鱼等)、肠管(泥鳅)、鳃上器(攀鲈、斗鱼、乌鳢等)及气囊(肺鱼)等各种器官进行辅助呼吸,度过缺水乏氧的困难时期。

▲ 肺鱼的"肺"事实上是由发达的鳔进化而来,因此部分种类即使没有水也能呼吸空气而生存。

📝 知识小笔记

鸟类的呼吸系统十分特殊,表现在具有非常发达的气囊系统与肺气管相通连。

💡 昆虫的呼吸

昆虫通过气管网进行呼吸。这些气管贯穿身体的各个组织,并分成支管。支管很细微,穿过肌肉将昆虫体表通向外界的气孔和用来呼吸的气囊联系起来。

● 蝗虫靠肚皮呼吸

人体司令部——大脑

大脑是我们最重要的器官,也是最神奇的器官。它决定了一个人的思考能力。除了勤奋以外,大脑的发育状况也会决定一个人是否会成为某个领域的天才。

认识大脑

人的大脑由140亿~160亿个细胞构成,成人大脑平均重量约为1 500克,大脑皮层厚度为2~3毫米,总面积约为2 200平方厘米。

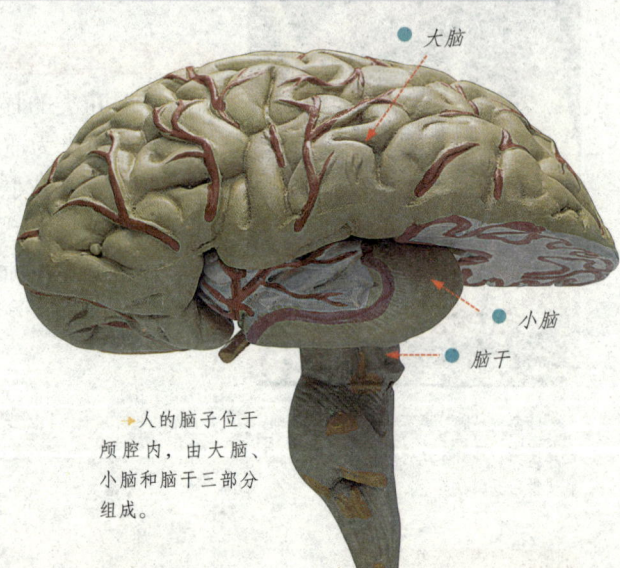

→ 人的脑子位于颅腔内,由大脑、小脑和脑干三部分组成。

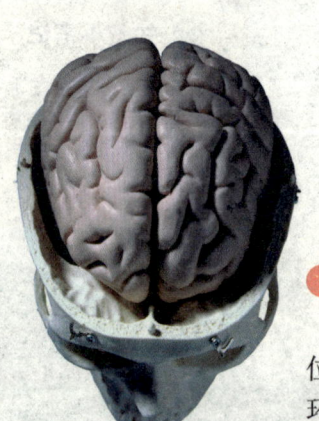

大脑的功能

大脑分为左右两个半球,分别管理着人体不同部位。小脑负责人体的动作和协调性,脑干控制血液循环系统、呼吸系统等。

脑皮层

大脑皮层是脑部最重要的部分，几乎所有的信息都会传递到那里，等它作出判断后，再向身体各个部位传递信息。

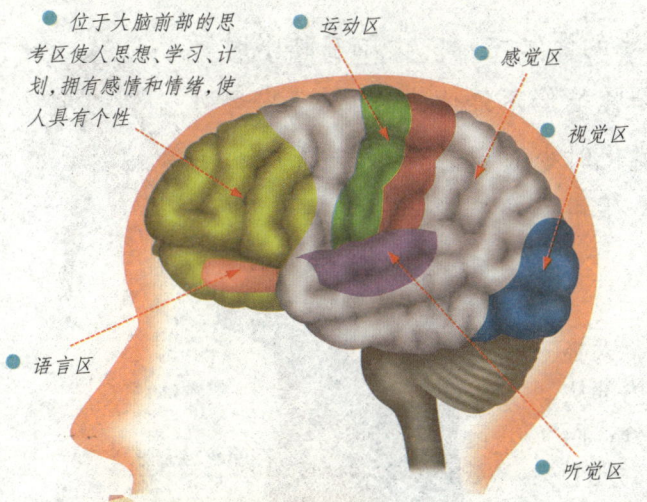

- 位于大脑前部的思考区使人思想、学习、计划，拥有感情和情绪，使人具有个性
- 运动区
- 感觉区
- 视觉区
- 语言区
- 听觉区

脑细胞

当人类还是胎儿时，平均每分钟需要生长出 250 万个神经细胞，但是在出生后，脑细胞就不再增加了。出生的时候大脑一般是 350 克，一岁的时候达到 1 000 克，到了成年就会有约 1 500 克。重量增加不是神经细胞增加，而是神经细胞变大了。

知识小笔记

智商的计算方程式为：智商=智力年龄/测验时的实际年龄×100%。

▶ 睡眠与梦就像人在太阳下与影子的关系一样不可分，它们都是一种正常的生理现象。

梦与睡眠

睡眠是为了获得足够的精神和体力，梦就是在这个过程中产生的。关于梦一直让人们很迷惑，不过很多科学家都认为梦是部分脑细胞没有休息引起的。

人体动力——心脏

心脏是人类中最重要的器官之一。大脑在睡眠时可以得到休息，肺和肾虽然不停地工作，但其内部可以轮班休息，肠胃在不消化时也可以暂停工作，而心脏却不能。可以说，心脏是人体中最为辛苦的器官。

💡 心脏的结构

心脏的外形像一个桃子，大小与成人的拳头差不多。心脏内部从中间分开，形成左右两个部分，而左右两侧又各分出上下两个部分，上方的叫心房，下方的叫心室。同侧的心房和心室之间有一侧膜把它们隔开，叫瓣膜。

💡 心脏的运转

心脏每次跳动的具体过程可分为两个步骤：首先，心脏舒张，内部充满血液，这是心舒张期；然后，心脏收缩，血液被挤进动脉，这是心收缩期。

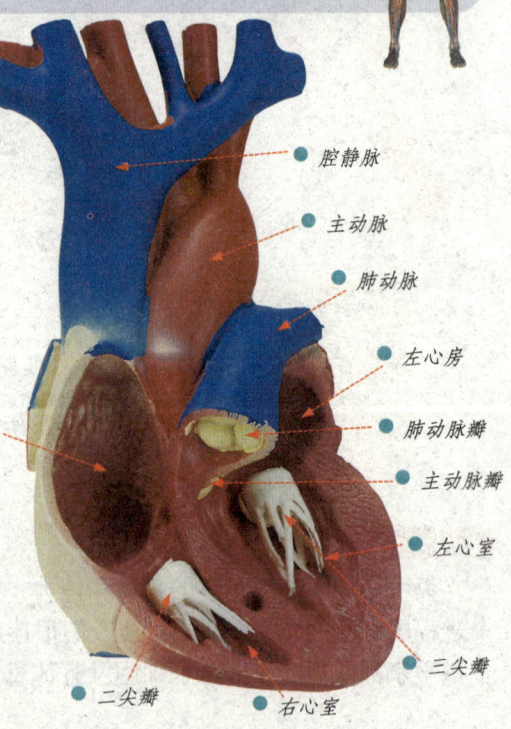

- 腔静脉
- 主动脉
- 肺动脉
- 左心房
- 肺动脉瓣
- 主动脉瓣
- 左心室
- 三尖瓣
- 右心室
- 二尖瓣
- 右心房

🔹 心脏病的成因 ▶▶▶

当心脏不能发挥它的正常功能，不能保持正常节律时，便会引发心脏病。心脏病常由血凝块阻塞冠状动脉引起，这时心肌细胞会因为缺氧而死亡。虽然心脏病能致人死亡，但许多此类患者经过治疗也可恢复健康。

📝 知识小笔记

许多心脏疾病可引起心瓣膜的严重狭窄或关闭不全，从而导致心力衰竭。治疗这类疾病的方法是给心脏换上新的人工瓣膜。

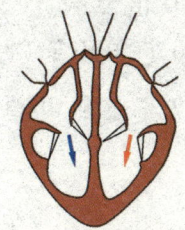
↑ 1. 左右心房收缩，分别将血液压进左心室和右心室。

↑ 2. 左右心室收缩，分别将血液泵进主动脉和肺动脉。

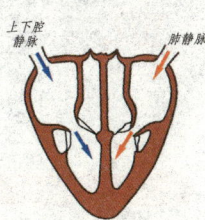
↑ 3. 全心舒张，血液经静脉被吸进心房。

🔹 脉搏的产生 ▶▶▶

心脏有规律的一张一缩的搏动，会像波浪一样沿着动脉向远处传播，这种有节奏的动脉搏动，被称为脉搏。你用手指按在自己的手腕外侧，就会感觉到自己的脉搏。

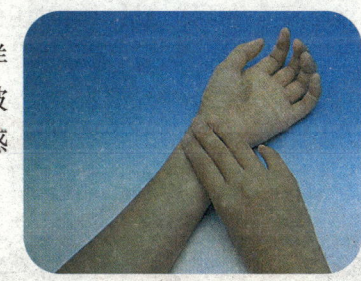

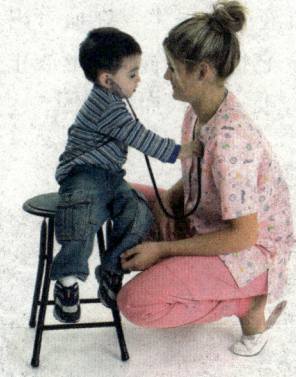

💡 心跳加速 ▶▶▶

心跳加速是人们遇到压力时的一种生理反应。如果心跳加速是因为运动而引起的，身体就能正确地适应。如果心跳加速，而我们却没有加大运动量以适应这种反应，就会对我们的身体造成伤害。

人体循环——血液和消化系统

血液通过遍布人体的大小血管昼夜不停地流动,忙碌于运输氧气、二氧化碳、营养素和废弃物等。人体中的血液约占人体重量的1/12,主要成分是血浆以及血浆中漂浮的血细胞。

血液的循环

血液中的很多成分来自骨髓干细胞,在心脏这个不停息的生命之泵作用下在人体中循环。当我们运动的时候,心跳会加速,血液流动加快。这样,我们就会感觉到热。人体依靠血液流动运输热量,同时还依靠血液循环达到生命循环。

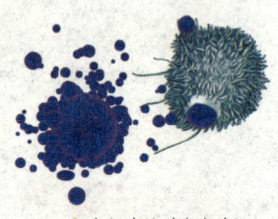

▲ 白细胞又叫白血球或白血细胞,能吞噬细菌和异物。

白细胞和血小板

白细胞就好像血液中的卫士,负责预防和抵抗病毒入侵。血小板就好像血液中的医生,在血管出现破损的时候,它们会收缩血管形成止血栓,促进伤口血液凝固,达到止血功能。

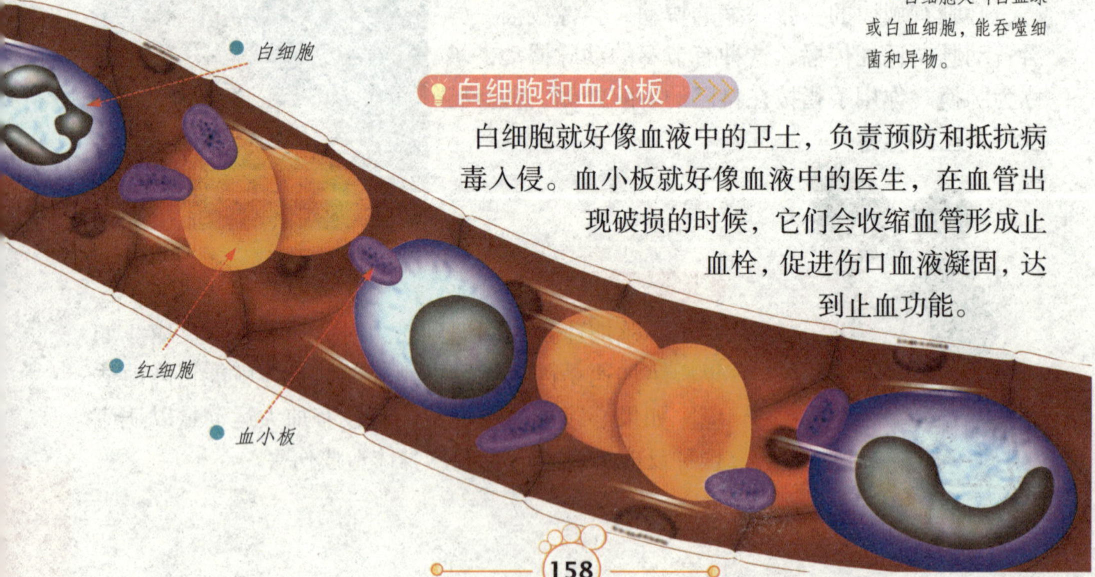

- 白细胞
- 红细胞
- 血小板

消化系统

人体摄取的能量物质经过消化道和消化腺后变成了人体本身的能量。消化系统像一个食品加工厂，有序地补充着生命体的能量需求。

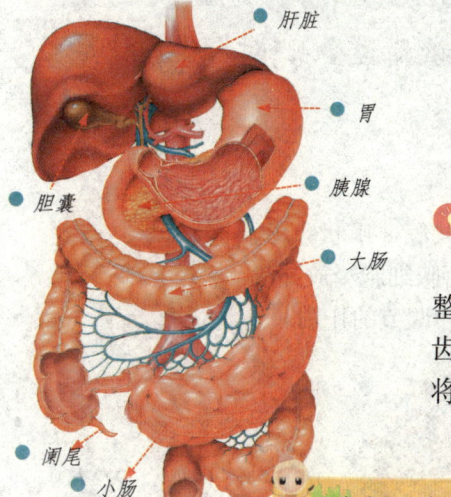

- 肝脏
- 胃
- 胆囊
- 胰腺
- 大肠
- 阑尾
- 小肠
- 直肠

- 腮腺
- 牙
- 舌
- 颌下腺
- 舌下腺

口腔

口腔是食物进入人体的第一关。坚硬和完整的食物不利于消化，在口腔中，它们会被牙齿磨碎，切成小块。口腔里的腺体分泌唾液，将食物化成糜状进入下一步消化。

知识小笔记

人体有20多种血型，最基本的血型是A型、B型、AB型和O型。

胃

胃是人体内重要的消化器官之一，上接食道，下接十二指肠，形状像一个大口袋。内壁是相当厚实的肌肉，通过收缩来进一步碾碎食物。同时，胃里面分泌的胃液能使胃里的食物更加柔软，变得更加适合于消化吸收。

食物团经咽、食管进入胃。经胃壁肌肉机械性地运动和胃液的化学性消化后，变成了半流质状的食糜，经幽门将食物推向十二指肠。

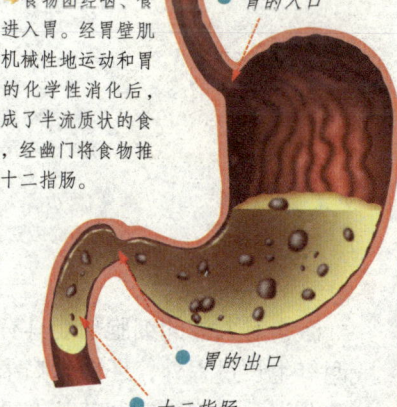

- 胃的入口
- 胃的出口
- 十二指肠

缺一不可——内分泌和生殖系统

内分泌是人体的控制系统，它能分泌各种各样的激素，让身体正常发育和运作。激素通过血液输送全身，对人体各种器官的活动进行调节和控制。

💡 内分泌腺 ▶▶▶

人体的主要内分泌腺包括脑垂体腺、甲状腺、甲状旁腺、肾上腺、胰腺和性腺。内分泌腺的分泌物均由腺细胞释放并渗入血液或淋巴，以此来传遍全身，达到控制和调节的作用。

> **note 知识小笔记**
>
> 脾能过滤血液，除去衰老的细胞，平时就作为一个血库储备多余的血液。

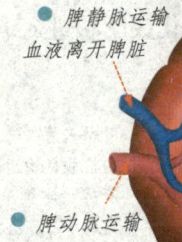
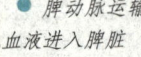
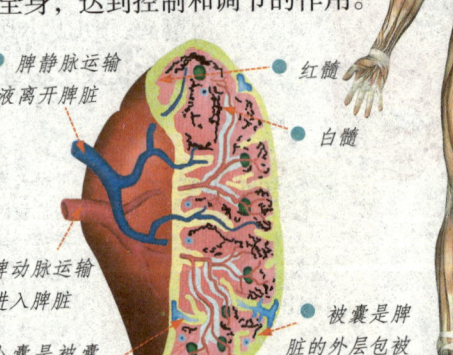

- 脑垂体
- 甲状腺
- 脾静脉运输血液离开脾脏
- 红髓
- 白髓
- 脾动脉运输血液进入脾脏
- 被囊是脾脏的外层包被
- 脾小囊是被囊向内形成的褶皱

💡 激素 ▶▶▶

激素对人体的细胞功能具有重大影响，它除了调节人体的发育、消化、新陈代谢等生长过程外，还会影响第二性征的发展，并主宰人体的行为。激素由内分泌腺分泌，以刺激或调节其他细胞的活动。

男性生殖系统

男性内生殖器包括睾丸、附睾、输精管、射精管、前列腺、精囊腺和尿道球腺。睾丸是男性生殖腺，左右各一，呈卵圆形，位于阴囊内，是产生雄性精子的器官，也是产生雄性激素的主要内分泌腺。

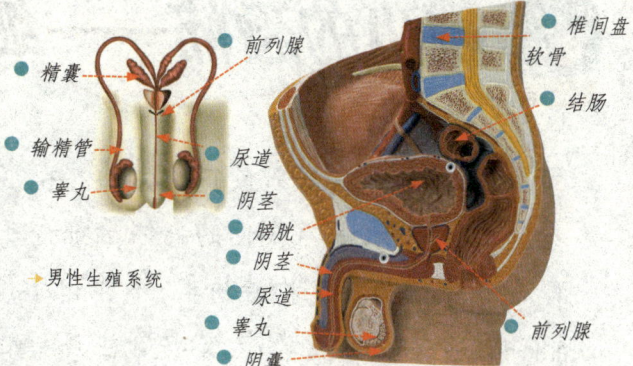

→ 男性生殖系统

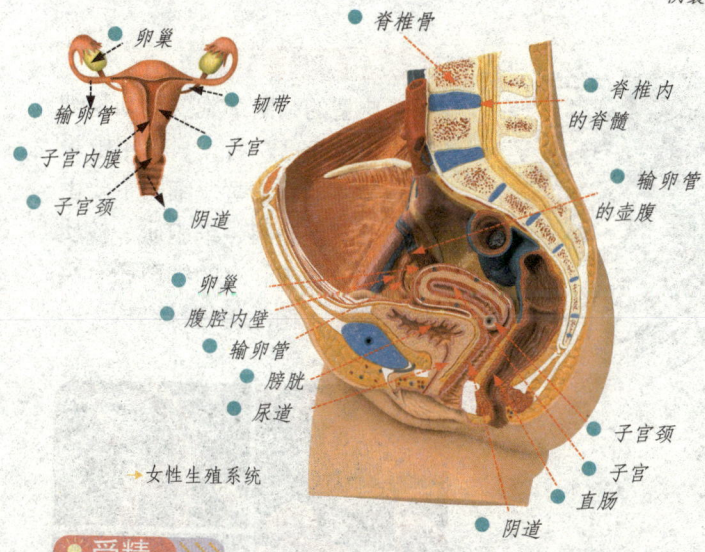

→ 女性生殖系统

女性生殖系统

女性生殖器由卵巢、输卵管、子宫和阴道等部分组成。卵巢，左右各一，位于盆腔内子宫的两侧，为椭圆形结构。它的功能是产生成熟的卵子和分泌雌性激素。一般来说，女性在 13 岁左右，就开始产生卵子。

受精

当男性的精子与女性的卵子相遇时，就会发生受精。如果卵子受精，它的外膜就会膨胀成一层胶状屏障来阻止其他精子进入，受精卵就会到达子宫，并开始分裂。

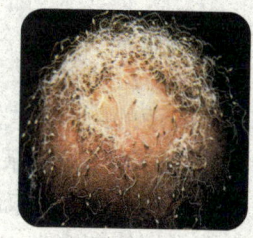

→ 显微镜下的精子与卵子

微小的恐怖——细菌和病毒

细菌是地球上散布最广的生物。在空气中、大地上、海洋里,植物、动物,甚至我们的身体里都存在着细菌。病毒和细菌不一样,科学家认为病毒构造简单,不能独立存活,病毒自己不能完成新陈代谢,也不能完成繁殖,需要寄生在其他细胞内完成。

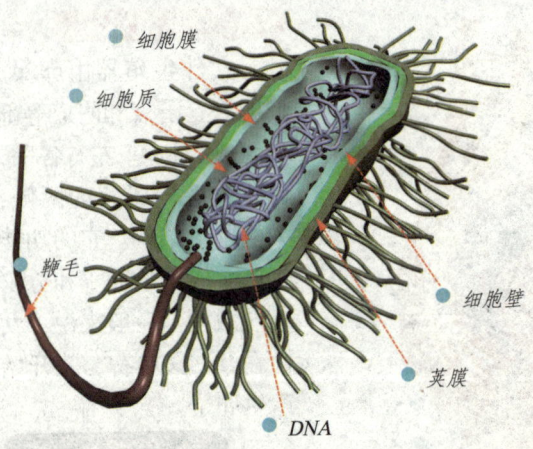

细菌细胞

典型的细菌细胞要比动物细胞小1 000倍左右,只有用电子显微镜才能看清楚。细菌主要由细胞壁、细胞膜、细胞质、核质体等部分构成,有的细菌还有荚膜、鞭毛、菌毛等特殊结构。

细菌的繁殖

细菌的繁殖方式比较奇特,主要是以一分为二的方式繁殖。某些细菌处于不利的环境,或耗尽营养时,形成内生孢子,又称芽孢。这些孢子即使在500～1 000年后仍有活力。

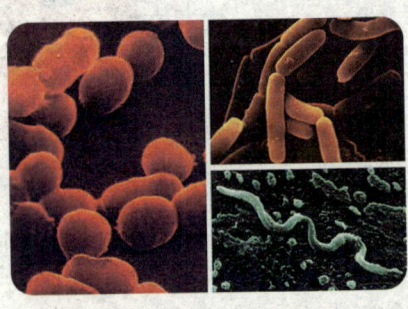

借助显微镜观察到的细菌形态

病毒

病毒不是细胞也不是细菌,它们没有完整的细胞结构,个体微小,含有单一核酸。病毒是必须在活细胞内寄生并复制的非细胞型微生物。

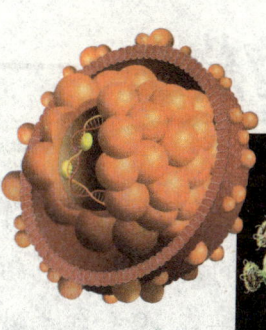
▶乙型肝炎病毒

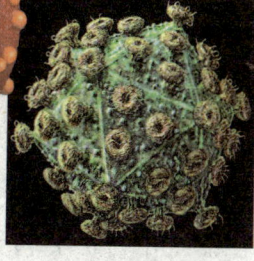
▶艾滋病病毒

病毒的传播

如果一个人感冒了,感冒病毒会使他流鼻涕。当这个人打喷嚏的时候,含有成百万个病毒的微滴散布在空气中,附近的人吸进一些这样的病毒微滴,就有被传染感冒的可能。

▲病毒感冒引起的流鼻涕

知识小笔记

人的口腔里大约生活了100多种细菌,而且还有上百种真菌。

噬菌体

有一种很奇特的病毒叫做噬菌体,外形就像外星人的飞船。它通过将自己的脱氧核糖核酸注入细菌来复制其本身,空壳悬挂在细菌外部,而它们的新头部和尾部在细菌里成长为新的噬菌体。

妙趣横生——遗传和变异

为什么我们会和父母一样,有一双黑色的眼睛,或是一头金发,或是深色的皮肤,甚至包括脸上的雀斑?这一切都是由于遗传基因的作用。早在19世纪的欧洲,就有一个叫做孟德尔的奥地利人用豌豆实验证明了遗传学说的理论。

染色体

对于遗传来说,染色体就像是一个遗传信息的史书和运输工具,详细记载着遗传信息。男性的染色体为44条常染色体加2条性染色体X和Y。女性的常染色体与男性相同,性染色体为2条X。

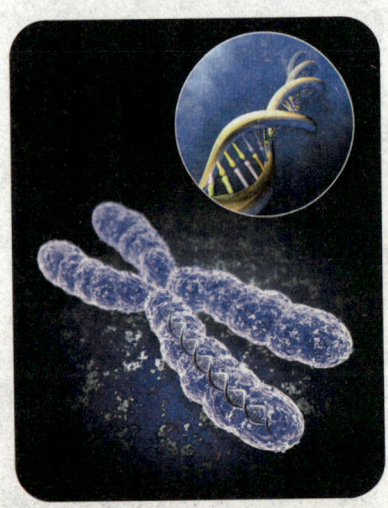

▲ 染色体

男女有别

胚胎的性别取决于染色体性状,含有一对X染色体的受精卵发育成女性,而具有一条X染色体和一条Y染色体者则发育成男性。

变异

如果一个生物的染色体在形态结构或数量上产生异常,就被称为染色体异常,由染色体异常引起的疾病为染色体病。引起染色体异常的原因很多,像强电磁辐射、化学物品接触、微生物感染、生育年龄偏大和遗传等,都有可能使后代患上染色体病。

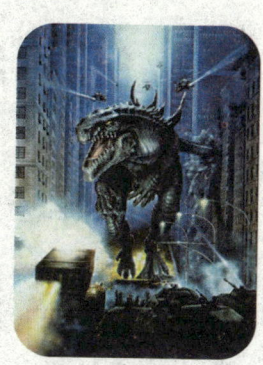

↑ 出现在科幻作品中的异形

↑ 奥地利人孟德尔通过8年的豌豆实验,于1865年发现了遗传定律。

知识小笔记

直到20世纪以后,孟德尔定律才被重新发现和普遍接受。

→ 白孔雀和其他的白老虎、白狮子一样,都是"白化儿",就是父母均带有不正常的白色隐性等位基因。生下白化儿的几率大约只有万分之一。

白化病

我们会看到很多动物拥有与众不同的白色外表,这是一种叫做白化病的基因疾病,这个病是由于基因的突变,导致皮肤色素出现缺陷,从而表现为皮肤、眼睛、毛发等的色素缺乏。

生命信息——基因与DNA

基因是生命体最根本的信息载体，它决定了一个生命体甚至一个物种的发展方向。我们将携带有遗传信息的 DNA 或 RNA 序列称做基因，它是控制性状的基本单位。基因通过指导蛋白质的合成来表达遗传信息，从而控制生物个体的性状。

人体的基因

人的遗传性状由密码来传递。人大概有 2.5 万个基因，而每个基因是由密码来决定的。人的基因中既有相同的部分，又有不同的部分。不同的部分决定人与人的区别。人的 DNA 共有 30 亿个遗传密码，排列组成约 2.5 万个基因。

DNA

DNA 是脱氧核糖核酸的英文缩写，是染色体的主要化学成分，同时也是组成基因的材料。在繁殖过程中，父代把它们自己 DNA 的一部分复制传递到子代中，从而完成性状的传播。

◀ DNA 的分子结构呈双螺旋形。它由两条核苷酸链按一定的顺序排列。

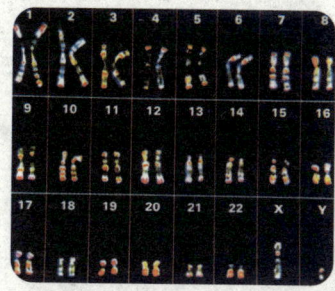

染色体是遗传物质的载体，存在于细胞核里的丝状物质，由脱氧核糖核酸（DNA）组成。

💡 基因工程

1985 年，美国科学家发起的人类基因组工程，受到世界上众多国家响应。该工程 1990 年正式启动，历时 16 年才完成。根据 DNA 可以断定两代人之间的亲缘关系，因为一个孩子总是分别从父亲和母亲身上接受一半基因物质。

note 知识小笔记

DNA 重组技术是采用人工手段将不同来源的含某种特定基因的 DNA 片段进行重组，以达到改变生物基因类型和获得特定基因产物的目的的一种高科技。

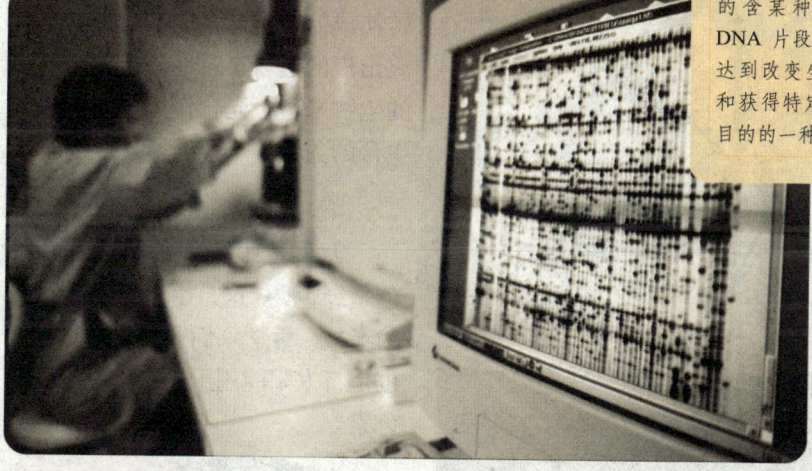

人类基因组计划对构成人类基因的 30 多亿个碱基对进行了测序。人类基因密码的解开，为一些疾病的诊治提供可靠的方法。

💡 核酸

DNA 是由核酸单体聚合而成的聚合体。核酸的含氮碱基又可分为四类：鸟嘌呤、胸腺嘧啶、腺嘌呤和胞嘧啶。DNA 双螺旋结构模型就是根据这些碱基互补配对原则建立的。

氧气来源——光合作用

光合作用就是生物与环境进行物质与能量交换中的一个非常基本的过程,它也关系着地球上无数生物的生存、演化和繁荣。

光合作用

光合作用是指绿色植物通过叶绿体,利用光能,把二氧化碳和水转换成储存能量的有机物,并且释放出氧的过程。对地球上几乎所有的生物来说,光合作用是它们赖以生存的关键。

叶绿素

大自然中各种植物的叶片颜色是绿色的,这是由于含有叶绿素的缘故。科学家们还发现,叶绿素也是将太阳能用于光合作用的关键色素。

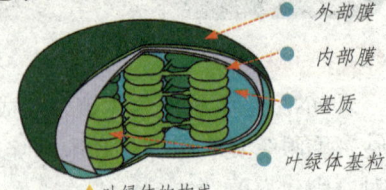

↑ 叶绿体的构成

生物的能量来源

光合作用是植物利用二氧化碳和水合成有机物,不仅用来构成植物体本身,同时也为动物和人类制造了食物和其他生活物资。如人类吃饭、穿衣以至其他日常用品的绝大部分都是直接或间接由光合作用提供的。

↑ 光合作用使太阳光能被储存在淀粉等有机物中,为植物提供了较直接的能量,动物吃了植物也会获得能量,动物互相捕食则造成了能量的流动。

知识小笔记

1880年,德国的恩格尔曼发现叶绿素是进行光合作用的场所。

空气净化器

地球上有相当一部分的生物要进行有氧呼吸,它们吸入氧气,释放出二氧化碳,而绿色植物的光合作用则维持了大气中氧和二氧化碳含量的相对稳定,就好像一台天然的空气净化器。

↑ 森林通过绿色植物的光合作用释放出大量的氧气,有"地球之肺"的称呼。

令孩子着迷的100种科学知识

令孩子着迷的100种科学知识

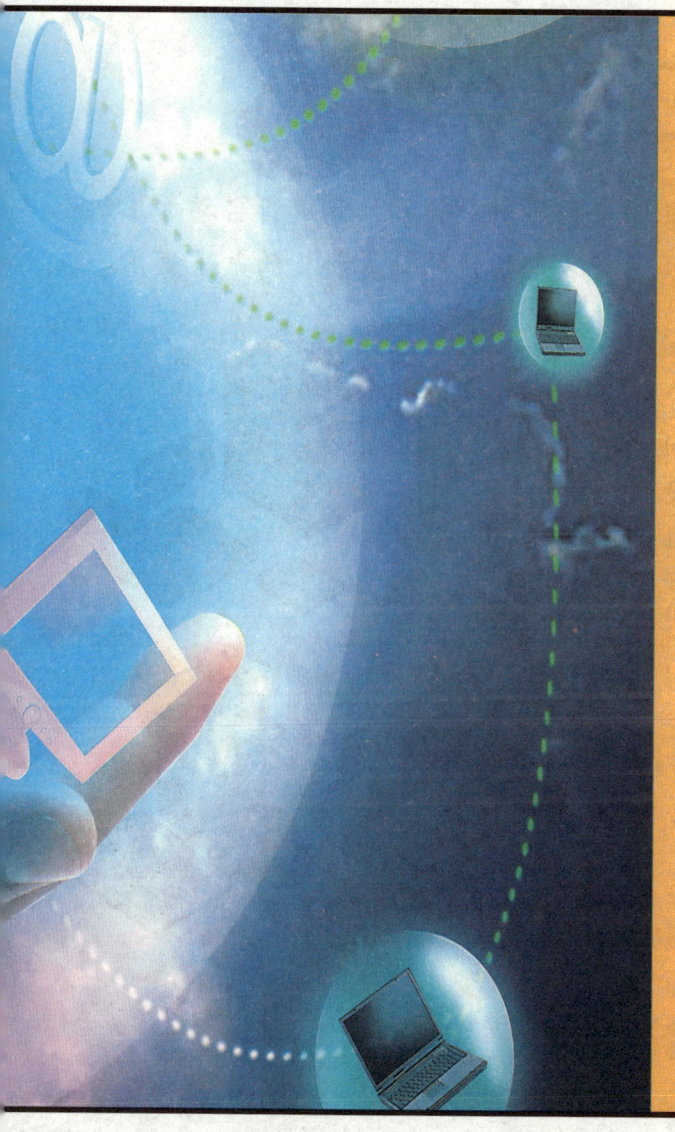

信息科学

古人最早是用手指来计算的，手指不够用，还可以找些石头、果核等小东西来帮忙。这样虽然很方便，但是遇到数据大的计算就没有办法了。随着时代的发展，计算机应运而生。如今，计算机已是"飞入寻常百姓家"，不仅能够读取和存储信息，还可以对这些信息进行算术或逻辑运算，大大方便了我们的生活。

功能强大——个人计算机

计算机是一种能够按照指令对各种数据和信息进行自动加工和处理的电子设备。通常我们所说的计算机指的是家里用的个人计算机。

💡 计算机硬件

硬件是相对软件而言的，是电子计算机系统中所有实体部件和设备的统称。从基本结构上来讲，电脑可以分为五大部分：运算器、存储器、控制器、输入设备、输出设备等。如果说软件是书上的文字，那么硬件就是书中的纸张。

▲ 电脑发展到今天，已经深入我们生活的方方面面。

▲ 计算机结构

📝 知识小笔记

世界上第一台个人电脑由IBM于1981年推出。

计算机软件

软件是一系列按照特定顺序组织的计算机数据和指令的集合，它分为系统软件和应用软件。系统软件是计算机运行必不可少的数据和指令，而应用软件是我们最常用的工具，我们使用的文字处理工具、杀毒软件、游戏软件等都属于应用软件。

我们用的 Windows 就是电脑的系统软件，而卡巴斯基就是应用软件中的杀毒软件。

二进制

二进制是计算机的语言，二进制数是用"0"和"1"两个数码来表示的数。它的基数为 2，进位规则是"逢二进一"，借位规则是"借一当二"。

20 世纪，计算机的运算模式——二进制被称为第三次科技革命的重要标志之一。

Windows Vista 是微软 Windows 操作系统的最新版本，2005 年这一名字正式被公布。

操作系统

操作系统是管理电脑硬件与软件资源，以及数据传输的程序。肩负着管理与配置内存、决定系统资源供需的优先次序、控制输入与输出设备、操作网络与管理文件系统等基本事务。

科学的轨迹——计算机的发展

在人类与大自然的斗争中,逐渐创造出各种各样的工具和器械,当繁重的计算、文字和记忆工作因计算机而变得轻而易举时,每一个人都能强烈地感受到计算机那强大的功能,它们正在代替人脑进行复杂的计算工作。

计算机的前身

要追溯计算机的发明,可以由中国古时开始说起,古时人类发明算盘去处理一些数据,利用拨弄算珠的方法,人们无须进行心算,通过固定的口诀就可以将答案计算出来。

知识小笔记

1854年,英国数学家乔治·布尔创立了布尔代数(逻辑代数),为二进制在计算机中取代十进制作出了贡献。

电子管计算机

在第二次世界大战中,美国政府支持计算机的开发,这促进了计算机的研究与发展。1946年2月14日,标志现代计算机诞生的ENIAC(埃尼阿克)号在费城公诸于世。虽然它还比不上今天最普通的微型计算机,但在当时它是运算速度的绝对冠军,而且运算的精确度和准确度也是史无前例的。

▲ 世界上第一台电子计算机埃尼阿克

晶体管计算机

1948年,晶体管的发明大大促进了计算机的发展。第二代计算机体积小、速度快、功耗低、性能更稳定。它使用晶体管代替电子管,还有现代计算机的一些部件:打印机、磁带、磁盘、内存、操作系统等。

↑ 晶体管被认为是现代历史中最伟大的发明之一,在重要性方面可以与印刷术、汽车和电话等发明相提并论。

集成电路计算机

1958年,集成电路问世,科学家使更多的元件集成到单一的半导体芯片上。于是计算机变得更小,功耗更低,速度也更快。这个时期计算机的发展还包括使用了更完善的操作系统,使得计算机在中心程序的控制下可以同时运行多种不同的程序。

↑ 集成电路的出现,使电子产品开始向微型化发展。

大规模集成电路计算机

到了20世纪80年代,超大规模集成电路在芯片上容纳了几十万个元件,这种芯片使得计算机的体积和价格不断下降,而功能和可靠性不断增强。目前,计算机的应用已扩展到社会的各个领域。

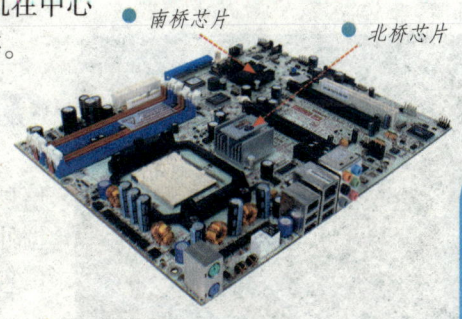

↑ 第四代计算机所用的主板。对于主板而言,芯片组几乎决定了这块主板的功能,进而影响到整个电脑系统性能的发挥。

多种多样——新型计算机

计算机可算是20世纪重大发明中最重要的一项,它领导了半个世纪的潮流,改变了人类的日常生活。现在,计算机技术更是迅猛发展,科学家们已经开始研究生物计算机、光子计算机和量子计算机等新型计算机。

单片计算机

单片计算机是将计算机的主要部件制作在一个集成芯片上的微型计算机。由于单片机的集成度高,所以具有体积小、功耗低、控制功能强、扩展灵活、微型化和使用方便等优点,被广泛应用于智能仪器仪表的制造、家用智能电器的制造、网络通讯设备的使用和医疗卫生行业等。

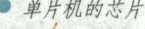
● 单片机的芯片

▲ 目前一些科学家致力于研制生物芯片,并取得了一些成果。

生物计算机

生物中的DNA分子包含有大量信息,这些信息如果用于数据计算,就会成为非常强大的数据处理单元,生物计算机就是植根于DNA分子信息携载和处理上的计算机。

▲ 虽然现在生物计算机还处在研制阶段,但是一些生物元件技术已经有了实际应用的可能。

量子计算机

量子计算机是利用原子所具有的量子特性而进行信息处理的一种概念计算机,它以原子的量子状态变化为计算基础。据估计,量子计算机的运算速度是现在家用电脑的上百万倍。

▶ 在原子的世界里,原子的运动状态是分隔开的,原子状态的变化可以用于表示数据,如果有许多原子一起参与运算,总体的运算数据就非常高。

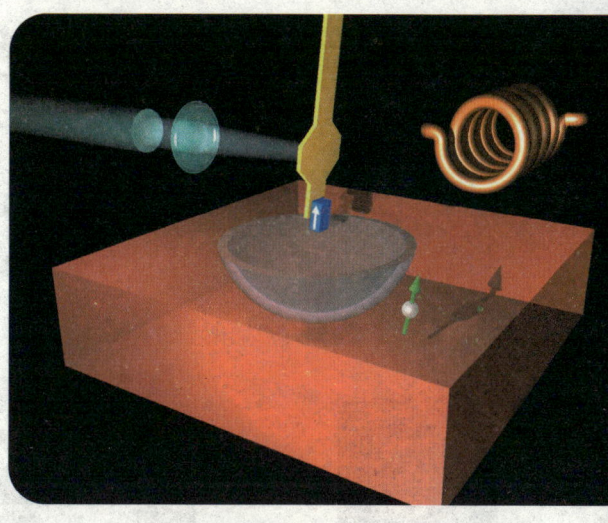

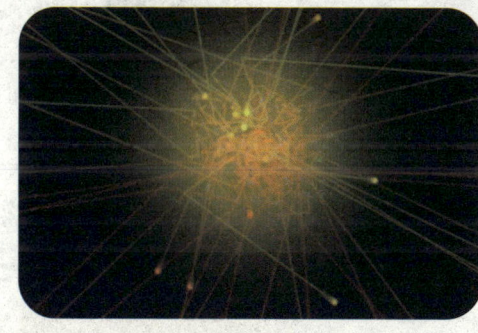

▲ 光运算有很多优势,在进行相同数量的数据运算中,光运算消耗的能量是最小的,它的高节能特性使之成为最有前途的新科学技术。

note 知识小笔记

1990年初,美国贝尔实验室在世界上首次实现光子运算,证明光子计算机是可行的。

光子计算机

光子计算机是一种由光信号进行数字运算、逻辑操作、信息存储和处理的概念计算机。它的基本组成部件是集成光路。其特点是能量消耗小,超高速的运算速度,以及超大规模的信息存储量。

影音集合——多媒体

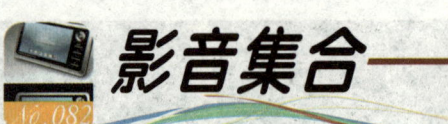

信息的传递可以用许多不同的方式,"多媒体"就是通过电脑集多种方法于一体进行的信息传播,它包含文字、插图、动画、声音、电影等。

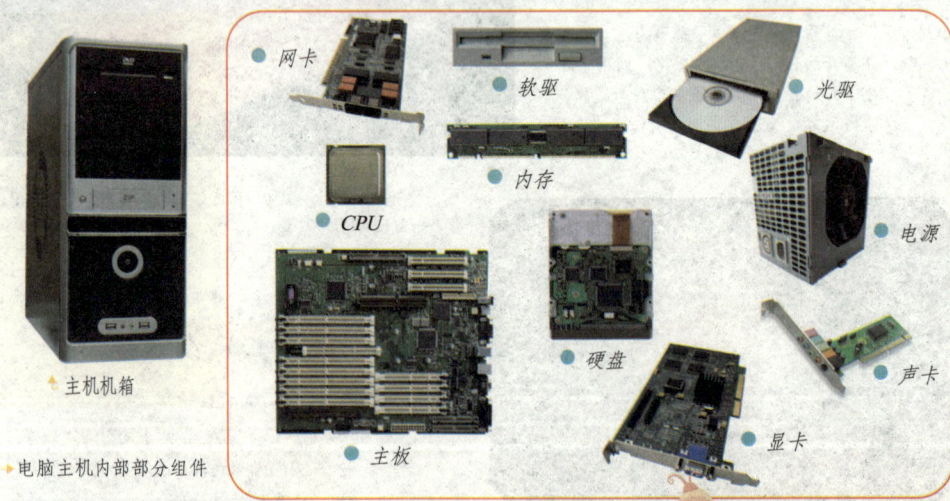

▲主机机箱

▶电脑主机内部部分组件

什么是多媒体

多媒体原有两重含义,一是指存储信息的实体,如磁盘、光盘、磁带、半导体存储器等,中文常译作媒质;二是指传递信息的载体,如数字、文字、声音、图形等,中文译作媒介。所以与多媒体对应的一词是单媒体,从字面上看,多媒体就是由单媒体复合而成。

知识小笔记

多媒体技术可以提供非常逼真的病人症状模拟,供大夫练习处理和治疗病人的疾患,而无须麻烦真正的病人。

多媒体计算机的系统

多媒体计算机系统不是单一的技术，而是多种信息技术的集成，是把多种技术综合应用到一个计算机系统中，实现信息输入、信息处理、信息输出等多种功能。其主要硬件有音频卡、视频卡、扫描仪等；软件有文字处理软件、绘图软件、视频及声音编辑软件等。

键盘是电脑早期的输入设备

多媒体教学光盘

全新的教科书

用 CD－ROM 代替传统历史教科书是多媒体在教育中应用的一个很好的例子。利用多媒体的历史教学光盘，学习不再只限于书本，而是可以看，可以听，可以体验历史事件。

CD－ROM 光驱

多媒体的应用

近年来，多媒体技术得到了迅速的发展，应用领域也不断扩大，正在逐渐或已经进入政府部门、军队、学校、科研机构、公司企业以至家庭，并将广泛应用于管理、教育、培训、公共服务、广告、文艺、出版等领域。

多媒体教室

拉近距离——互联网

当今的人们已经进入了一个网络化的社会,互联网技术正在蓬勃地发展。通过它可以存取世界各地的文件、图片、声音、动画以及数据库。互联网使不同地域、不同语言的人们实现了互通与交流。

💡 互联网

现在使用的互联网利用通信线路,将分布不同地方的计算机网络连接起来。计算机网络的建立,可以使只拥有小型计算机的部门通过网络使用大型计算机的资源,并利用大型计算机来处理小型计算机无法完成的工作。

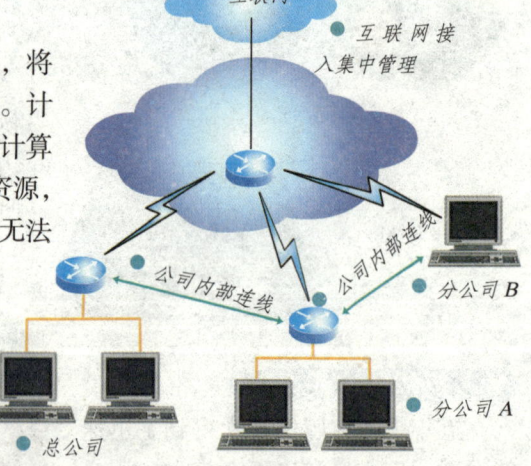

➤ 互联网是人类发展史上伟大的里程碑,极大地促进了人类社会的进步和发展。

💡 互联网术语

互联网有很多术语,每个人或团体在互联网上都用一个域名来代表。域名的最后部分表明相关机构的性质。例如,edu 表明一个教育机构,com 为商业团体,而 org 为非商业机构。

电子邮件

电子邮件是计算机网络用户之间传递信息的一种方式，用户可以以身处世界任何地方，通过互联网收发电子邮件。以前，电子邮件内容仅限于文字信息，现在，人们可在邮件中附加图像、音响，甚至影视内容等。

◀ 电子邮件综合了电话通信和邮政信件的特点，它传送信息的速度和电话一样快，又能像信件一样使收信者在接收端收到文字记录。

知识小笔记

环球网的英文缩写为 WWW（World Wide Web），是互联网络上最流行的一种交互式信息查询服务。

网页

我们平时上网浏览的一个个网站，都是由网页构成的。网页是因特网的服务系统所使用的一种图文多媒体用户界面。网页上设有许多链接点，我们可以使用各种浏览器观看网页上的内容。上网，其实就是在网页之间的浏览切换。

▶ 互联网的诞生给人类社会带来了重大变化，它对人类的生活、工作和价值观等各方面都带来了巨大的影响。

网络的应用

计算机网络已经广泛应用于生产过程自动化、行业经营管理、办公自动化等领域，并在电子邮政、综合业务数据网等方面进一步发挥其作用。在信息业中，最喧闹的声音来自广告商、营销商、娱乐公司以及零售商，但是更多的用户把互联网络视为实用的媒介，而不是广告营销、娱乐和购物的手段。

轻松冲浪——宽带

宽带目前还没有一个公认的定义,从一般的角度理解,它是能够满足人们感观所能感受到的各种媒体在网络上传输所需要的带宽,因此它也是一个动态的、发展的概念。

DSL

DSL 技术是基于普通电话线的宽带接入技术,它在同一铜线上分别传送数据和语音信号,数据信号并不通过电话交换机设备,减轻了电话交换机的负载。

▲ ADSL 宽带猫

→ DSL 在电路中的应用

ADSL

ADSL 技术是运行在原有普通电话线上的一种新的高速宽带技术。它最初主要是针对视频点播业务开发的,随着技术的发展,逐步成为了一种较方便的宽带接入技术。

VDSL

VDSL 是高速数字用户环路，简单地说，VDSL 就是 ADSL 的快速版本。

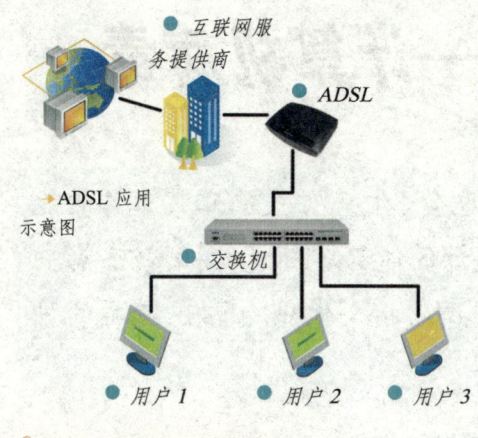

→ ADSL 应用示意图

知识小笔记

连接电脑上网的电缆通常可分为三种，即共轴电缆、双绞线和光纤。

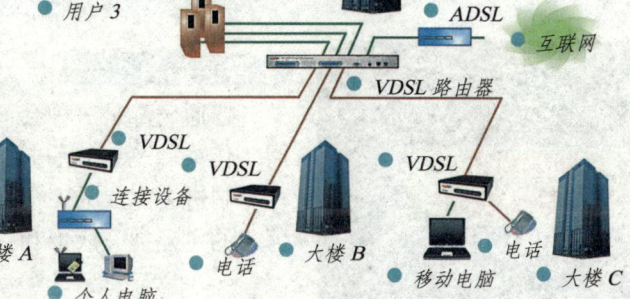

↑ VDSL 和 ADSL 应用示意图

↑ 光纤接收器接口

光纤接入网

光纤接入网（OAN）是采用光纤传输技术的接入网，即本地交换局和用户之间全部或部分采用光纤传输的通信系统。光纤具有宽带、远距离传输能力强、保密性好、抗干扰能力强等优点，是未来接入网的主要实现技术。

特殊的病毒——计算机病毒

和人一样，计算机感染了病毒也会"生病"，失去正常工作的能力。计算机"病毒"是人为设计的能够破坏计算机系统、影响计算机工作并能实现自我复制的程序或指令代码。现在，病毒的种类已经达到了上千万种。

💡 普通病毒

普通病毒是一种会"传染"其他程序的程序，所谓"传染"，就是通过修改其他程序来把自身或其变种复制进去完成的。很多电子邮件病毒都属此类，如著名的"爱神"病毒和"莉莎"病毒。

→ 蠕虫病毒

💡 计算机蠕虫

计算机蠕虫病毒是一种通过网络的通信功能，将自身从一个节点发送到另一个节点并启动的程序。这种病毒虽然不会破坏计算机数据和硬件，但是它会不断扩散，与正常程序展开计算机运行时间的争夺战，导致计算机变得越来越慢，最后陷于瘫痪。

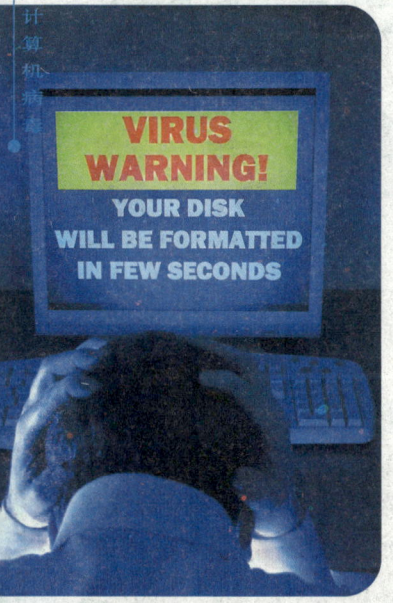

↑ 计算机病毒是个令人十分头痛的问题，人们提及此话题无不做咬牙切齿状。

特洛伊木马

特洛伊木马能将病毒或破坏性程序传入计算机网络，而且通常是将这些恶意程序隐蔽在正常的程序之中，尤其是热门程序或游戏，一些用户下载并执行这一程序，其中的病毒便会发作。

▶黑客通过"木马"程序可以任意毁坏、窃取中毒者电脑内的文件，甚至远程操控中毒者的电脑。

▶计算机病毒是人为蓄意设计的一种软件程序，它旨在干扰计算机操作，记录、毁坏或删除数据，或自行传播至其他电脑。

逻辑炸弹

逻辑炸弹是一种当运行环境满足某种特定条件时执行其他特殊功能的程序。如一个编辑程序，平时运行得很好，但当系统时间为13日又为星期五时，它会删去系统中所有的文件，造成系统瘫痪。

知识小笔记

第一个计算机病毒发现于1981年，是一个苹果机病毒，但它不会破坏数据。

▶反病毒软件具有监控识别、病毒扫描和清除、自动升级等功能，有的还带有数据恢复等功能。

反病毒技术

反病毒技术包括预防病毒、检测病毒和杀毒等三种技术，实施对象包括文件型病毒、引导型病毒和网络病毒。

令孩子着迷的100种科学知识

新科学技术

随着时间不断地推进，我们已经进入了一个全新的时代。各种科学技术在不断地发展和提高，并及时地应用于我们生活的个个层面。我们生活的空间早已被各种先进科技所包围，也才有了我们虽不能飞檐走壁，却可以上天入地的神奇旅行，实现了人类亘古不变的梦想。

坚不可摧——合金

在日常生活中，我们会见到许多合金，这些合金都是由两种以上的金属熔制而成的，它们具备了单质金属所不具备的性质，被广泛地应用于各个方面。

◀ 青铜是人类使用时间最久的一种合金，它是由铜和锡混合而成的，铜和锡质地柔软，但是它们的合金青铜却坚硬，容易铸造，青铜在历史上有大规模应用，历史学家把这一阶段称为青铜时代。

什么是合金

合金和单质金属不同，单质金属几乎是由一种金属元素组成的，而合金则是由两种以上的元素组成，其中一种必须是金属。在日常生活中，我们使用的合金大多是多种金属混合冶炼而成的。

▶ 钛合金配件

钛合金

金属钛易于加工，密度小，耐腐蚀性强，因此人们把它和其他金属合起来，制成钛合金。这些钛合金性能超出钛金属本身，比如钛与铝钒的合金具有很好的耐热性能，可以在高温下工作很长时间。钛合金已广泛用于各方面，尤其是在航天领域有特殊应用。

铜合金

除了青铜以外，铜合金还有许多。我们常用的是黄铜，它是铜和锌的合金，适合制造精密零件。铜和镍的合金称为白铜，它具有很好的耐腐蚀性能，常被用于在强腐蚀环境中工作的工具的零部件。

知识小笔记

磁性合金能够成为永磁体，因此在电子、计算机和自动控制领域有很大应用。

▲黄铜制品不仅外观高贵、典雅，而且经久耐用。

▼铝合金在生活中应用十分广泛

▲磁性合金

铝合金

铝是一种质地轻柔的金属，密度较小，它的合金一般会保持这个特性，但是比纯铝坚硬。常用的铝合金有铝锰合金和铝镁合金，它们耐腐蚀性较强，用于制造容器和管道。其他一些铝合金在制造业中也有十分重要的地位，在实际生活中，用铝合金制作的门窗也美观大方，受人喜欢。

信息基础——电子元件

电子科学是在19世纪末期以后发展起来的,它是现代信息技术的基础,借助电子元件的特性,信息得以在世界范围内传播,使人类社会进入信息时代。

电子管

电子管就是微型阴极射线管,在电子管内部两端分别连接了电源正极和负极。电子管两极间有强大的电场,通电时它可以将电流信号放大,在早期的电视机和收音机中就可以见到电子管。

· 电容

· 发光二极管

· 二极管

← 电子管

↑ 收音机中有许多电子元件,分别起各种不同的作用。

半导体

半导体也是一种能导电的物质,它的导电性能比导体差,比绝缘体好,因此被称为半导体。半导体内可导电的介质稀少,且变化剧烈,因此有许多特殊的电学特性,在现代电子技术中有大量的应用。

二极管

二极管也是一种半导体材料，它只有两个电极，一个正极，一个负极。二极管只允许电流向一个方向流动，即只能从正极流向负极。有一些二极管在传导电流时还可以发光，称为发光二极管。二极管在电子技术中的用途非常广泛。

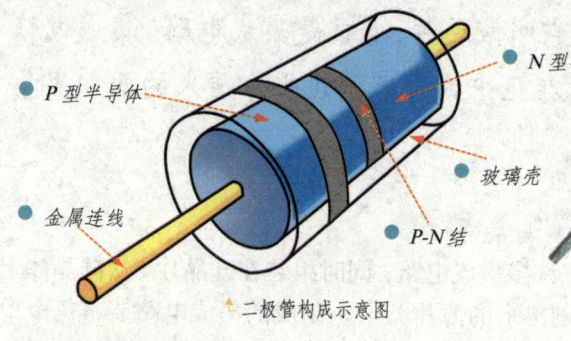

↑ 二极管构成示意图

发光二极管

知识小笔记

有一些半导体在受热的时候，内部会产生电信号，它们和传导元件组合在一起，就成为温度传感器。

晶体管

晶体管是一种半导体器件，它的全称是半导体三极管。晶体管有三个电极，它可以放大电信号，能实现自动开关的作用，因此应用非常广泛。

电容

电容由两个分离的板面组成，这两个板面分别连接着正极和负极，当供电的时候，电容的正极板面接受电流，并把这些电流暂时积累起来，供电结束以后，电容又把积累的电荷释放出来。电容的这种性质使它成为电路中不可缺少的电子元件。

↑ 电容器的构造

细小复杂——集成电路

很多孩子都喜欢玩游戏机,在游戏机中有一个控制游戏机工作的小小部件,我们将它叫做芯片,也就是集成电路。集成电路就是一个微型的完整电路,在几平方毫米到几平方厘米的面积里集中了成千上万的电子元件。

微型电路

许多集成电路,同时组装在硅晶片(从硅晶体上切割出来的薄片)上。制成的集成电路要将每个单独的电路做电子性能测试。然后将通过所有测试的集成电路装在一起并放入有保护作用的塑料或陶瓷封壳中。

电脑中的微处理器就是一个集成电路

● 集成电路的金属引脚

封壳芯片

在一个电路板中看到的"芯片"实际上是把芯片装在里面并且封壳了。芯片通过极细的金丝与伸出封壳外面的金属引脚连接,以达到和电路板连接的目的。

知识小笔记

美国电子工程师基比于1958年首次在一片半导体上制成了电路,其中包含了电阻、电容以及晶体管。这使得集成电路的小型化发展成为了可能。

设计电路

在制作一个集成电路之前,首先要把整个电路画成大样,并仔细进行核对。由于集成电路是一层一层制作的,因此每一层的平面图都要单独设计、制图。跟芯片一样大小的掩膜就是根据这些平面图制作的。

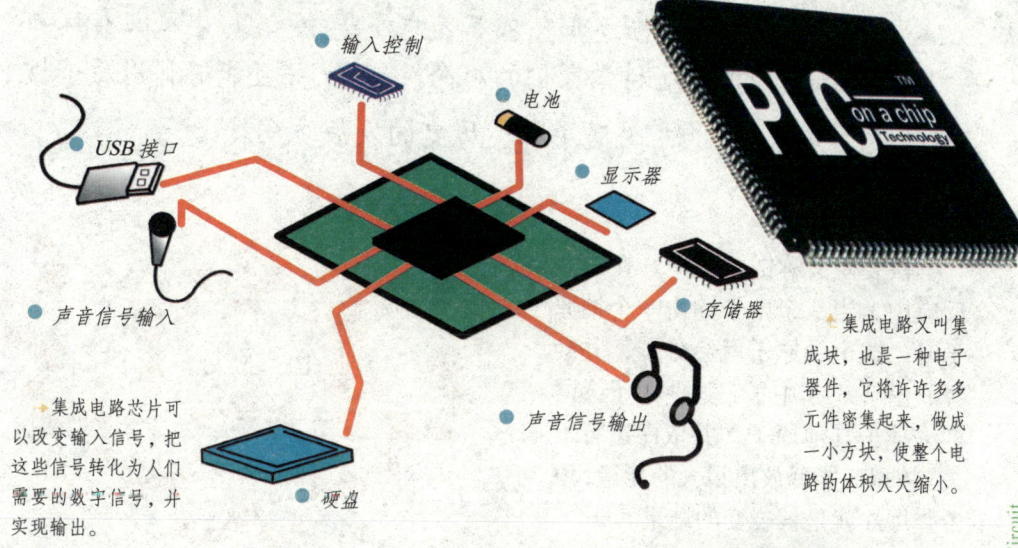

→ 集成电路芯片可以改变输入信号,把这些信号转化为人们需要的数字信号,并实现输出。

→ 集成电路又叫集成块,也是一种电子器件,它将许多多元件密集起来,做成一小方块,使整个电路的体积大大缩小。

电路板

一块主芯片和少量几个电子元件就可以组成一个简单的电子器件。但像电脑那样复杂的设备,就需要许多块芯片安装在同一个印刷电路板上来工作。芯片之间的连接就是通过"印刷"在电路板上的铜线来实现的。

→ 电路板

威力十足——核技术

十世纪以前，科学家们认为元素是永恒不变的，但是随着放射性元素的发现，科学家们的观念改变了，并且能够利用原子核理论人为地改变元素，改变了人类历史的发展方向。

核裂变

核裂变又称链式反应。在链式反应中，当一个中子撞击一个铀原子时，这个铀原子就会分裂，并会释放出 2~3 个中子。这些中子会同样去撞击其他原子，并依序进行下去。核裂变能释放出很大的能量，原子弹爆炸就是核裂变的结果。

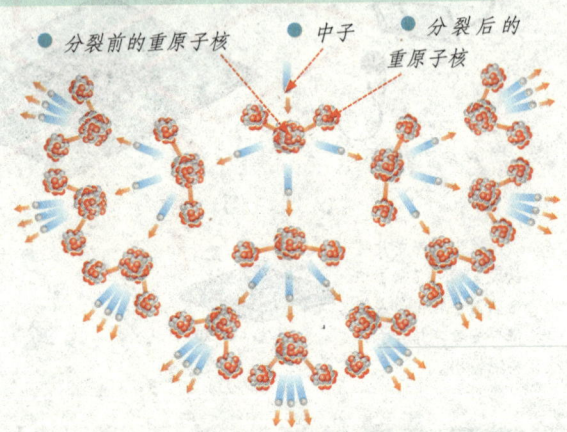

▲ 重核裂变的链式反应示意图

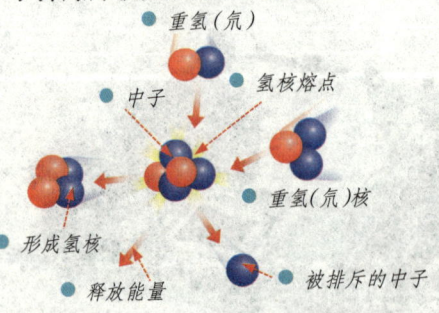

▲ 在聚变反应中，较轻的原子核结合在一起，形成较重的原子核，同时释放巨大的能量。

核聚变

核聚变是两个或两个以上的原子核在超高温等特定条件下聚合成一个较重的原子核时释放出巨大能量的反应。因为这种反应必须在极高的温度下才能进行，因此又叫热核反应。

核燃料

在核能利用中，把能发生裂变和聚变反应的材料称作核燃料。由于核反应分为核裂变和核聚变，所以核燃料又分为裂变核燃料和聚变核燃料。

▲ 粒子加速器

知识小笔记

在 19 世纪末期，法国科学家贝克勒尔发现含铀矿物可以发射出某种射线。

▲ 铀是一种极为稀有的放射性金属元素，在地壳中的平均含量仅为百万分之二，它是核裂变的主要物质，是极其重要的战略资源。

粒子加速器

加速器是一种能给带电粒子加速的装置。它是研究原子核和基本粒子的重要设备。而粒子加速器是粒子回旋加速器和同步加速器的统称。科学家用它们来研究带电荷的粒子。

核武器

核武器是能在一瞬间释放巨大能量，产生爆炸作用并具有大规模杀伤性的武器。未来发展的核武器将是第四代核武器，这是一种不用传统的核爆炸就能释放大量核能的核武器。它也不像发展前三代核武器那样需要进行大量试验，其基础是民用核科学研究。

▲ 氢弹是第二代核武器，它由原子弹引爆氢弹，原子弹放出来的高能中子与氘化锂反应生成氚，氘和氚聚合产生能量。

种类繁多——新能源

进入21世纪以后,世界范围的能源消耗量飞速增长,由于石油、天然气和煤等都是有限能源,人们需要用其他新能源来代替它们。现在常见的新能源有风能、水能和地热能等。由于这些能源对环境危害较少,因此成为了解决能源危机的重要途径。

▶ 风力发电

风能

风能是指流动的风产生的能量。风能可用来发电,而风车是最早利用风能的机械,但如今风车已被风动涡轮机所取代。

水能

水能是一种可再生的能源,还是一种洁净的能源,因为它不污染空气,也不会产生有害废物。人们已经利用水力来发电,在一个典型的水力发电站中,水库中的水经泵压流进水力涡轮机,使涡轮机转动,涡轮机再带动发电机来发电。

▲ 水力发电站中的涡轮机装置

知识小笔记

1992年,我国长江三峡水力发电站开始动工兴建,到2007年,三峡水电站建成并投入使用。

令孩子着迷的100种科学知识

太阳能

太阳能已经用于计算机、手表，以至发电站。它的潜力巨大，科学家们正在研究挖掘它，希望能早一天把太阳能全面利用起来。

▸ 利用太阳能驱动的无燃料飞行器

地热能

利用地球内部的热量可以获取地热能。大多数地热能站都建在靠近火山的地区，在那里，地底下的岩石都是炽热的。当水流注入炽热的岩石缝中时，温度升高变成蒸汽，蒸汽被管道送入地热能站。

▸ 冰岛是一个地热资源发达的国家。上图为冰岛的地热发电站。

核能

核能是一种特殊的新能源，具有庞大的能量。但是核电厂一旦发生核泄漏，将会给周边的环境造成长久性的污染。

速度快捷——光通信

光通信就是以光波为载体的通信方式。20世纪60年代后，随着人们对通信的要求变得越来越强烈，光通信获得了突飞猛进的发展。

💡 光通信的发展

人类很早就利用光来传递信息，2 000多年前中国就有利用光传递远距离信息的设施——长城烽火台，后来又有利用灯光闪烁传递信息的方法。

➡ 古代的烽火台

➡ 贝尔的光电话实验装置

➡ 贝尔的光电话的接收装置

💡 贝尔的光电话

以发明电话而著名的贝尔，在1876年发明了电话之后，就想到利用光来通电话的问题。1880年，他利用太阳光作光源，大气为传输媒质，用硒晶体作为光接收器件，成功地进行了光电话的实验，通话距离最远达到了213米。

令孩子着迷的100种科学知识

● 光束在光导纤维中弯弯曲曲地从一端传到另一端，而不会在中途漏射。

光纤的诞生

经过不懈的努力，人们发现了透明度很高的石英玻璃丝可以传光。这种玻璃丝叫做光学纤维，简称"光纤"。人们用它制造了在医疗上用的内窥镜，例如做成胃镜，可以观察到距离1米左右的体内情况。

note 知识小笔记

1970年美国康宁公司用高纯石英生产出世界上第一根耗损率为每千米20分贝的套层光纤，开创了光纤通信的新篇章，使通信光纤研究跃进了一大步。

光纤通信系统

光纤传输系统是数字通信的理想通道。与模拟通信相比较，数字通信有很多的优点，灵敏度高、传输质量好。因此，大容量长距离的光纤通信系统大多采用数字传输方式。

◀ 把数以万计的光导纤维整齐地排成一束，就可做成光缆。用光缆代替电缆通信具有无比的优越性。

宇宙激光通信

由于宇宙空间没有大气或尘埃，激光在那里传输时比在大气中衰减小得多，因而激光用于宇宙通信既优越又经济，受到各国的普遍重视，现在已经有大量的科学家投身到了这个研究的领域。

▲ 太空激光通讯

199

缤纷世界——显示技术

显示技术是利用电子技术提供不断变化的视觉信息的技术。像我们看到的电视节目就是通过摄像器材将光影图像转换为电信号储存在胶片或其他媒介上，然后发送到电视机，由电视机将电信号还原为图像。

显像管

显像管是电视的一个重要组成部分，它在电视的成本中约占60%。它的发展历程为球面管、平面直角管、超平管和平面管。它的主要作用是将发送端摄像机摄取转换的电信号在接收端以亮度变化的形式重现在荧光屏上。

CRT 显示器

CRT 就是阴极射线管，我们平时将 CRT 显示器归为一类，就是因为这一类显示器虽然在功能、款式等方面差异较大，但它们的核心技术是一样的，就是都采用阴极射线管。

● 金属板上面有许多多排列的小孔，是让电子光束可以精准地投射到荧屏上的荧光体。

● 显像管中电子枪信号的强弱透过荧屏遮罩的引导，使电子光束可以正确地射到荧屏上的荧光体上。荧光体发亮显示色彩，集合所有发光点就形成了荧屏上看见的影像。

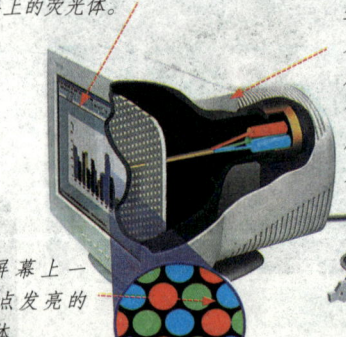

● 屏幕上一点一点发亮的荧光体

● 显卡将三色信号传送到显示器

▲ CRT 内部构造图

液晶显示器

液晶显示器的主要原理是以电流刺激液晶分子产生点、线、面配合背部灯管构成画面。而大屏幕液晶显示器作为未来显示器的发展趋势,由于其产品设计天生而来的优势,使其较传统显示器具有更好的发展空间。

- 光线通过偏光板时,只有与偏光板平行的光线会通过。
- 光线通过R、G、B三色的滤镜,变成纯色。
- 最外层的玻璃面板
- 当电源开时,液晶显示器背板的日光灯管发出光线。
- 光线通过液晶时,会因为信号的强弱而产生不同的变压,致使光线产生的扭转角度不一样。

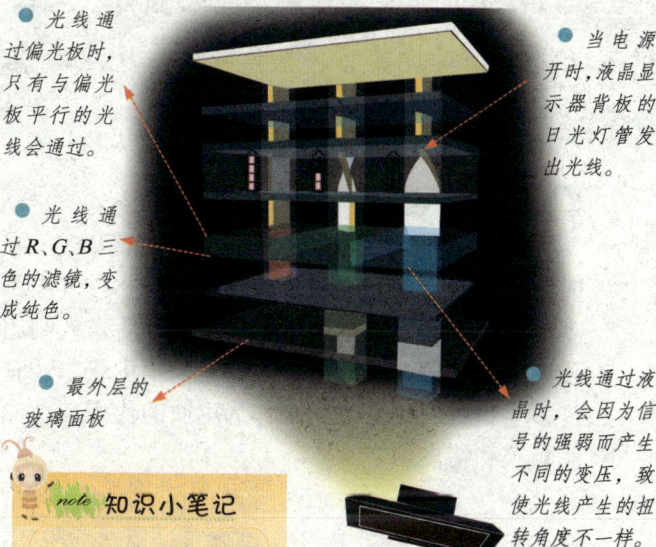

▲ 液晶显示器示意图

- 14寸CRT彩色显示器

知识小笔记

1926年,英国电器工程师约翰·洛吉·贝尔德演示了第一架电视装置。

激光投影

激光拥有不容易散射的特点,激光投影在任何地方都不会产生模糊不清的现象。激光投影是通过将电视机中的视频信号转换为光信号,将普通电视的电子枪改为激光枪,将三原色激光直接在空间扫描成像,最终在空间获得逼真的色彩立体影像。

显卡

谈到计算机中的显示器,就不能不提到显卡。显示器必须依靠显卡提供的显示信号才能显示出各种字符和图像。

移花接木——器官移植

在医学领域里,器官移植科学几年来的成就令世人瞩目。随着器官移植技术的不断提高和对抗器官移植免疫排斥反应的高效免疫抑制剂的诞生,器官移植的成功率已经大大增加。

💡 皮肤移植

皮肤是人类最早尝试进行移植的组织之一,同时也可能是最早获得移植成功的组织。在古埃及就有专门从事皮肤移植的专业人员。后来人们还发明了取皮器,可以十分方便地采集皮肤,还有许多生物材料被开发出来作为皮肤的代用品,如胎盘膜和猪皮。

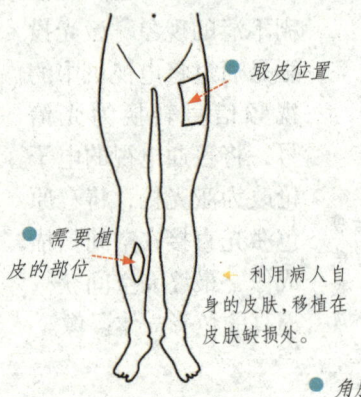

- 取皮位置
- 需要植皮的部位

◀ 利用病人自身的皮肤,移植在皮肤缺损处。

💡 角膜移植

眼科医生为了使因角膜疾病而失明的患者重见光明,很早就想到了角膜移植。而在各种移植手术当中,角膜移植术的成功率名列前茅。随着手术显微镜的诞生,也极大地推动了角膜移植技术的发展。

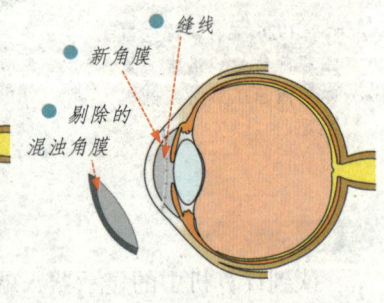

- 角膜(混浊)
- 晶状体
- 缝线
- 新角膜
- 剔除的混浊角膜

▸ 角膜移植

心脏移植

人类心脏移植虽然开始于 1967 年,但仅在 20 世纪 80 年代初才被接受为终末期心脏病的治疗方法。免疫抑制剂治疗和移植物处置的进展才使心脏移植成为可能,并导致了心肺移植的成功和不断发展。

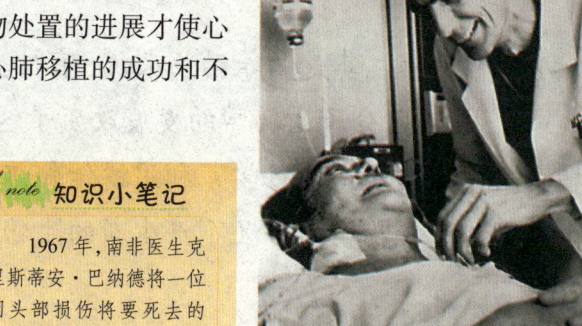

▲1967 年 12 月 21 日人类首次心脏移植手术成功

知识小笔记

1967 年,南非医生克里斯蒂安·巴纳德将一位因头部损伤将要死去的 24 岁妇女的心脏,移植给了另一位因患心脏病生命垂危的刘易斯·沃什坎斯基。沃什坎斯基活了 18 天后死于肺炎。

肾移植

肾脏是人类最先取得移植成功的大型器官。1936 年,前苏联医生沃罗诺伊进行了最早的同种肾移植。

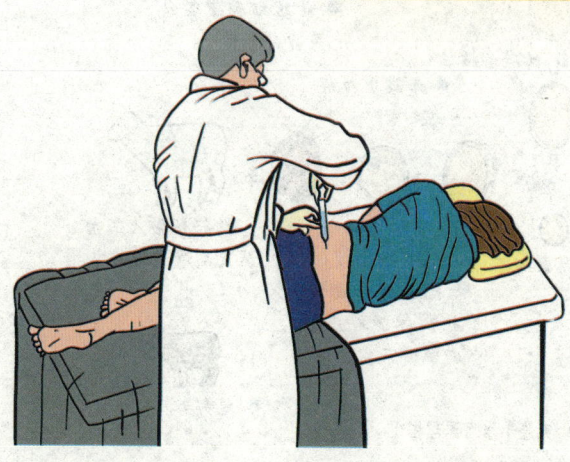

骨髓移植

与其他组织器官相比,人类开展骨髓移植的时间较晚。近十几年来,在利用骨髓移植治疗血液方面的疾病,临床上已经取得的了丰硕的成果,十分好的疗效也得到世人的公认。

◀骨髓移植前,病患者先要接受高剂量的化学治疗,将体内的恶性细胞全部消灭。

科学双刃剑——克隆技术

对于动物尤其是高等动物来说，有性生殖原本是唯一的繁殖方式，但是分子生物学的发展改变了这一切，克隆就是这样一项技术。克隆技术允许科学家利用遗传知识操控动物生殖，在不需要生殖细胞遗传物质的情况下产生新的生物个体。

什么是克隆

克隆是一个古老的词语，原意是指植物的枝条繁殖，现在用来指人工诱导的无性繁殖方式。早在20世纪50年代的时候，科学家们就尝试克隆动物，并获得了成功，不过当时是用低等动物做实验，比如青蛙和金鱼。

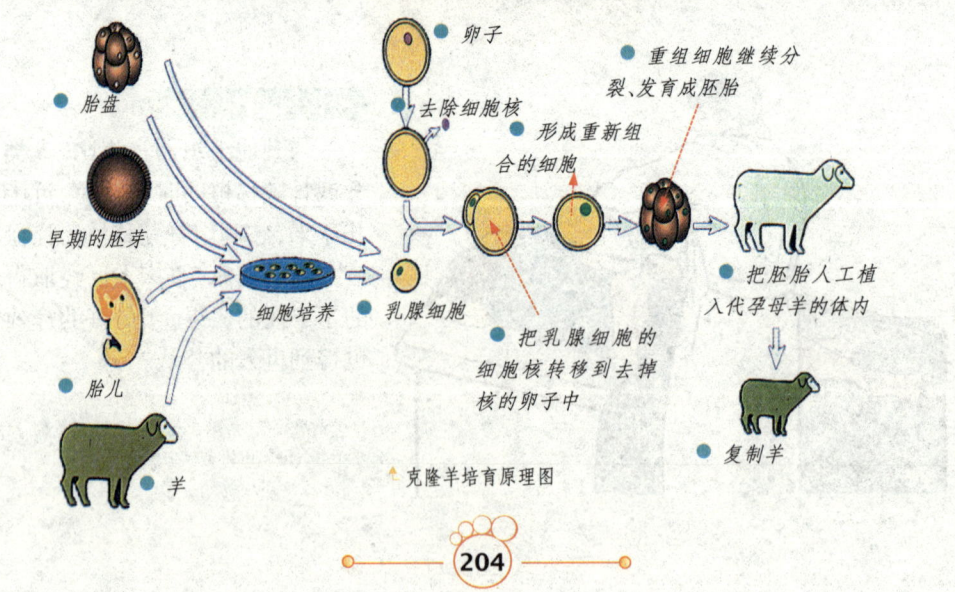

▲克隆羊培育原理图

↑ 克隆羊"多利"

克隆动物

在 20 世纪 90 年代，英国科学家把克隆技术使用在哺乳动物羊身上，并取得成功。他们先从一头山羊 A 身上提取体细胞，然后把遗传物质注射进去掉细胞核物质的山羊卵细胞里，这个卵细胞最后发育成一头新个体"多利"，多利的遗传物质和山羊 A 完全相同。

知识小笔记

2003 年 2 月 14 日，多利由于患进行性肺部感染，被实施了安乐死。

干细胞研究和相关技术的发展，使体外克隆人的组织和器官成为可能，有朝一日，换人体器官可能就像给机器换零件一样容易。

克隆技术的意义

克隆技术给人类带来了巨大的利益，一些优良的家畜可以通过克隆技术大量繁殖，濒临灭绝的动物可以通过克隆技术得以保存，一些绝症在未来也有望通过克隆技术得以解决。

不可忽视的弊端

当然克隆技术也会带来危险，如果有人将克隆技术用于克隆人类，那么将会给人类社会的伦理和道德体系带来极大的冲击，所以现在几乎所有国家都禁止将克隆技术用于人类。

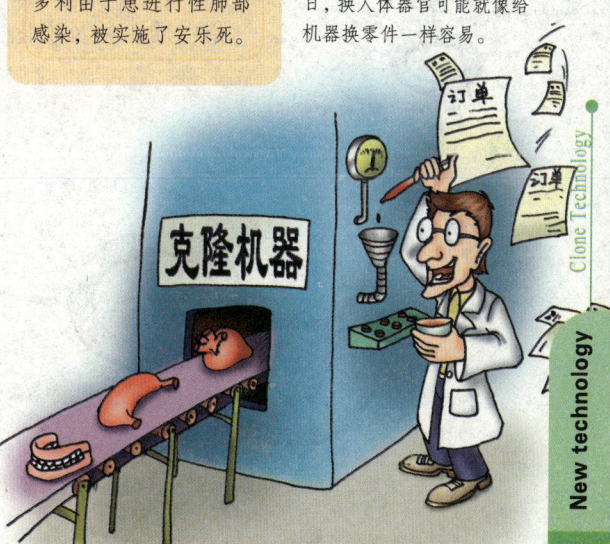

交叉科学——生物工程

生物工程以生命科学的理论和技术为基础,结合了化工、机械、电子计算机等多种现代工程技术,是一门对人类社会进步起到巨大作用的新兴技术。

生物工程的体系

生物工程包括了能创造新物种的遗传工程,又包括能随意使生物变大变小的细胞工程,能使生物反应于刹那间完成的酶工程,给人类带来众多福利的微生物工程,蛋白质工程及生化工程。

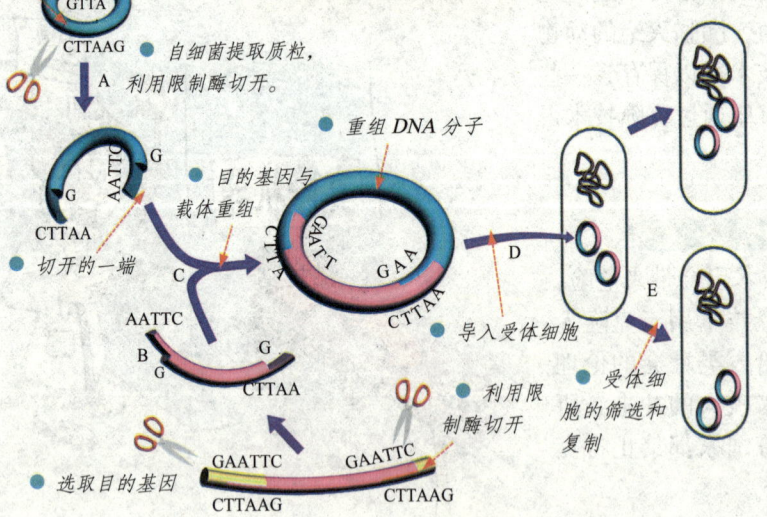

遗传工程是生物工程中的一个重要组成部分。几乎一切生物都具有DNA链,它们上面所载的遗传信息原则上也是通用的,因此通过对DNA的重组,可以创造符合人类要求的新的动植物品种,甚至新的物种。

细胞工程

人们把在细胞和亚细胞水平上的遗传操作，即通过细胞融合、核质移植、染色体或基因移植以及组织和细胞培养等方法，快速繁殖和培养出所需要的新物种的技术称为细胞工程。

note 知识小笔记

中国在1965年完成了结晶牛胰岛素的全合成。

一个细胞就像一个微型加工厂，它可以为人类生产和加工许多与自身息息相关的药物、食品添加剂、化妆品等有用物质，从而解决天然资源不足的难题。动植物克隆技术就属于细胞工程的范畴。

蛋白质工程

蛋白质工程是根据预定的设计，改造天然蛋白质分子的结构，获得具有新的生物学功能的蛋白质分子的技术。例如人工合成胰岛素就是蛋白质工程发展早期取得的一个巨大的成果。

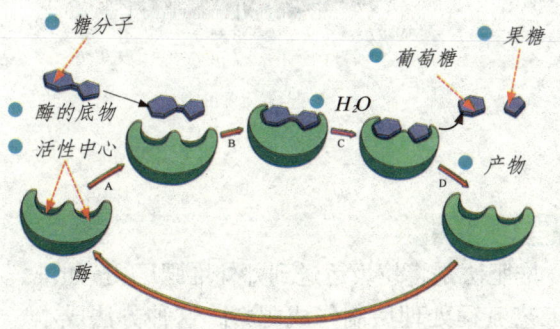

酶催化反应示意图。在一定的生物反应装置中，利用酶的催化功能，将相应的原料转化成了有用物质。

酶工程

酶是生物体内产生的、有催化能力的蛋白质，是生命的催化剂。酶工程发展很快，早期主要是从动植物和微生物中提取、分离、纯化制造各种酶制剂，现在已经深入到了制造精细化工品、医药用品、环境保护等各个领域里。

保护家园——垃圾处理技术

二十世纪中期以来,世界各国工业迅猛发展,大城市不断增多,人类生活水平也不断提高,这些都造成地球上的垃圾越来越多,现在已成为危及人类生存环境的一大公害。如何有效地处理这些垃圾,也逐渐成为各国科学家们研究的一个新课题。

填埋法

根据工艺的不同,垃圾填埋法又分为传统填埋和卫生填埋两类。传统填埋这种方法是利用坑、塘、洼地将垃圾集中堆置在一起,不加掩盖,未经科学处理的填埋方法。卫生填埋法是采用工程技术措施,防止产生污染及危害环境土地的处理方法。

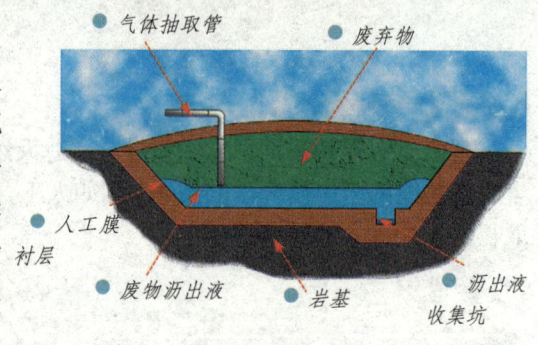

▲ 填埋垃圾示意图

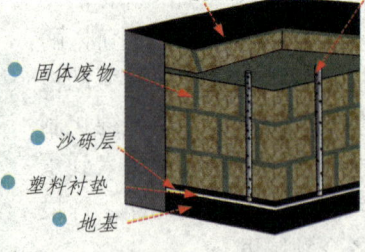

▲ 堆肥法

堆肥法

堆肥法是将垃圾运送到郊外堆肥厂,按照堆肥工艺流程处理后制作成肥料,这种方法成本低、产量大。但是由于经济实用的化肥大量普及,垃圾肥料的市场越来越小。

热解法

在隔绝空气的条件下，垃圾在热解装置中受热而使有机物质分解，从而转化成燃气。燃气进入余热锅炉换热后，通过热蒸汽进入汽轮发电机发电。

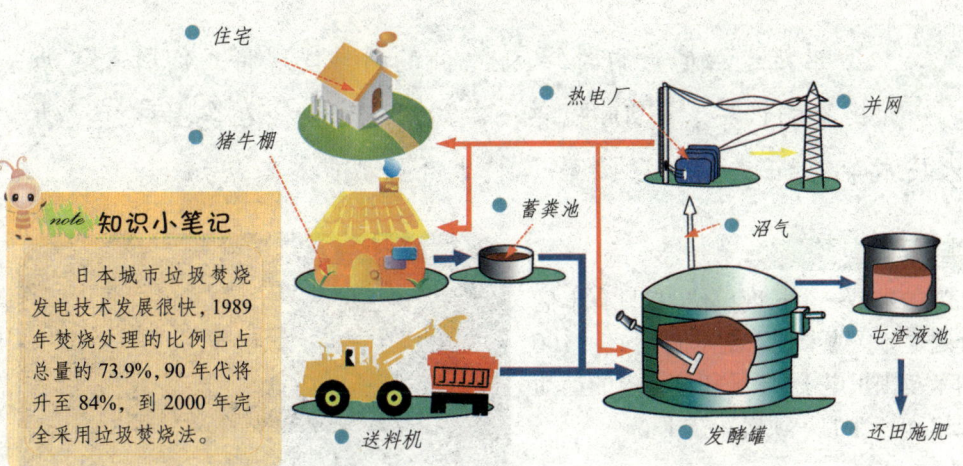

知识小笔记

日本城市垃圾焚烧发电技术发展很快，1989年焚烧处理的比例已占总量的73.9%，90年代将升至84%，到2000年完全采用垃圾焚烧法。

▲ 把收集起来的垃圾进行发酵可以产生沼气，利用沼气在热电厂既能产生电能又能为住户提供热能供应。

▲ 垃圾发电，不仅解决了垃圾的环保问题，而且可以变废为宝，具有极大的潜在效益。

垃圾发电

最先利用垃圾发电的是德国和美国。1965年，德国就建有垃圾焚烧炉七台，垃圾发电受益人口为245万；而美国自80年代起投资70亿美元，兴建90座垃圾焚烧厂，年处理垃圾总能力达到3 000万吨。

微观世界——纳米技术

20世纪进入尾声的时候,一个新的科学发现将我们引入更加微观的世界。1990年,第一次纳米技术大会在美国举行,《纳米技术杂志》正式创刊,纳米科学技术开始被世界所认知。

纳米科学

纳米是一个长度单位,它只有十亿分之一米。纳米技术就是研究1~100纳米范围里电子、原子和分子内的运动规律和特性的一项崭新技术。

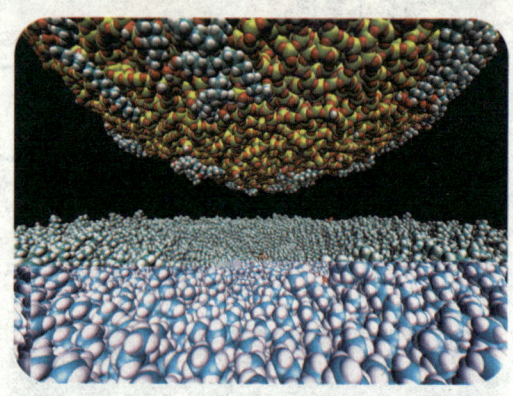

▲ 计算机模拟的纳米世界

▼ 利用纳米技术制造的单分子逻辑开关

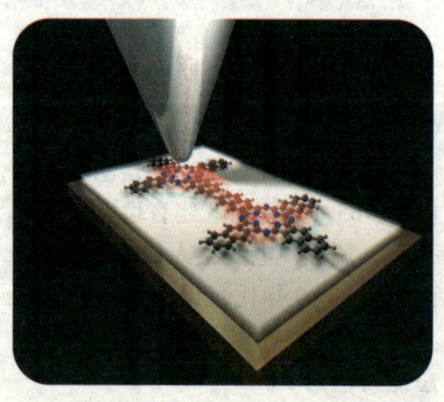

纳米技术的应用

纳米技术应用范围很广泛,可以应用在不同的领域之中。纳米技术可以应用在陶瓷上,使陶瓷具有像金属一样的柔韧性和可加工性;在微电子领域,有碳纳米管。将纳米技术应用到雷达上以后,就会提高10~100倍的雷达探测能力。

令孩子着迷的100种科学知识

▲纳米机器人治疗疾病想象图

纳米金属

几个纳米的金属铜颗粒或金属铝颗粒，一遇到空气就会产生激烈的燃烧，发生爆炸。利用纳米金属的易燃易爆可以做成烈性炸药，或者制作火箭的固体燃料产生更大的推力。

> **知识小笔记**
>
> 纳米机器人是科学家设想的一种新型医疗设备，它可以深入人体的血管，甚至进入病患处清除那些微小的细菌和癌变细胞。

纳米药物

将药物与磁性纳米颗粒相结合，患者服用的这些纳米药物颗粒，可以自由地在血管和人体组织内运动。医生只需在人体外部施加磁场加以导引，药物就会按照医生的需要集中到患病的组织中，大大提高了药物疗效，并降低副作用。

纳米材料

纳米虽然是个长度单位，但纳米带来的却是技术上的革命。当物质达到 1 ~ 100 纳米这个范围，物质性质就会发生突变，出现特殊性能。这种既具有不同于原来组成的原子、分子，也不同于宏观物质的特殊性能构成的材料，即称为纳米材料。

▼想象的纳米分子制造机器

211

忠实可信——机器人

机器人能够帮助人类工作，这一点已经不是什么稀奇的事情了。在人工智能技术的帮助下，机器可以自动运转生产，没有驾驶员的飞机依然可以安全地起飞降落，甚至一些机器人可以和人类对话。

💡 机器人名称由来

1920年，捷克斯洛伐克作家卡雷尔·恰佩克在他的科幻小说《罗萨姆的机器人万能公司》中，创造出"机器人"这个词。在原小说中，机器人是一种像永不疲倦的仆人一样的机器。

> **note 知识小笔记**
>
> 2004年，"世界最轻"的飞行机器人在日本精工爱普生株式会社诞生。这个机器人仅重8.6克（不含电池），最大直径136毫米，高85毫米。

↑ 警察在用排爆机器人排除危险品

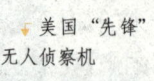

美国"先锋"无人侦察机

通用机械手臂是由电子计算机控制的，它只能做简单的工作，没有智能可言。

装配机器人

在一些装配工作间里,你会看见做工精细的机械手在电脑的操控下精确地完成各种电器的制造,它们就是装配机器人。这些机械手臂被制作得像人类手臂一样,能够抓握工具和零件。而且有些机械手臂有多达六个关节,可以完成相当精细的操作,并且准确快捷远远胜过人类。

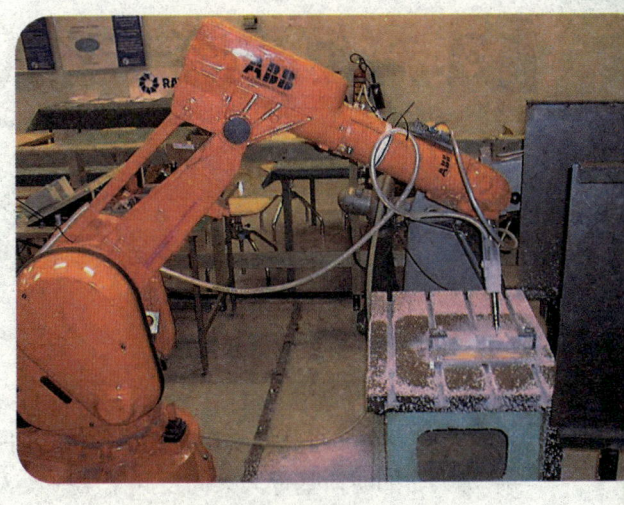

▲日本的"法那克"公司的全自动工厂一角

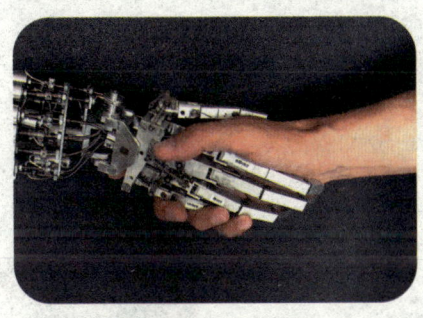

▲机器人与人类更加亲密

礼仪机器人

礼仪机器人能够仿照人的样子行走,用手工作,被设计了和人类相仿的五官和体型。现在的礼仪机器人甚至可以和人对话,做出喜怒哀乐的表情。科学家甚至希望能制造出可以播报新闻的主持机器人。

无畏的勇士

最初机械手臂被用于危险的化学试验和繁重的工业生产中,代替人类工作。此后,更多的机器人被用于深海探险、地下勘探和救援行动中。战争留下的地雷等爆炸武器,人工排除危险很大,因此,排爆机器人就成为了人们首选的无畏勇士。

科技高端——人工智能

人工智能是一门综合性的交叉学科和边缘学科，它的研究不但涉及计算机科学，还涉及神经生理学、心理学、语言学、逻辑学等许多学科领域。

💡 人工智能的产生

"人工智能"这个术语在1956年被正式提出，在美国达特茅斯大学的麦卡锡与哈佛大学的明斯基等人共同发起了第一次人工智能研讨会，他们从不同学科的角度，探讨了人类智能活动的特征，以及用机器进行模拟的可行性。

◀ 在工业化、信息化的今天，机器人的应用领域在不断扩大，在许多行业，机器人展示出它们的能力与魅力。

💡 机器学习

机器学习是机器具有智能的重要标志，同时也是机器获取知识的根本途径。由于机器学习在机器智能中的重要地位，使得机器学习很早就成为人工智能的一个重要研究领域。

◀ 在机器人的研制过程中，这种会做简单动作的玩具使科学家获益匪浅。

语言理解

语言是人类进行信息交流的主要媒介，但由于它的多义性，目前人类与计算机系统之间的交流还要依靠那种受到严格限制的非自然语言系统。现在的人工智能研究一般是在文字识别和语音识别系统的配合下进行书面语言和有声语音的识别与理解。

1997年，智能机器人"深蓝"战胜了人类国际象棋冠军卡斯帕罗夫，从此将人工智能领域带入了一个全新的境界。

模式识别

模式识别就是使计算机能够对给定的事务进行鉴别，并把它归入与其相同或相似的模式中。其中，被鉴别的事物可以是物理的、化学的、生理的，也可以是文字、图像、声音等。

知识小笔记

1956年，美国人塞缪尔研制成功了具有自主学习、自主组织、自主适应能力的跳棋程序。

智能导弹

目前研制的智能导弹是在巡航导弹基础上装了激光雷达、毫米波雷达、前视红外仪和新式计算机控制系统，它能在飞到敌方上空后自动搜索、识别、跟踪目标选择最佳点实施攻击，消灭一个目标后立刻转向另一目标继续攻击。

从巡洋舰上正在发射出的智能导弹

精准定位——新导航技术

最古老最简单的导航方法是星历导航,人们通过观察天空星座变化来确定自己的大致位置。而当人类将卫星送上天空以后,预示着未来的导航将进入一个崭新的时代。GPS全球定位系统就是这样一个卓越而准确的导航系统。

GPS 含义

GPS 就是全球定位系统的英文缩写,是运用现代先进技术开发的尖端导航系统,它运用至少三颗人造卫星,在极短的时间里确定地球上某个目标精确的地理位置。

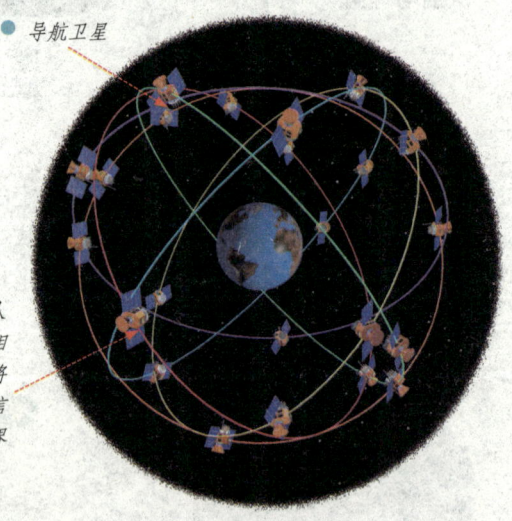

● 导航卫星

● GPS 与人造卫星技术相结合,可以将准确的定位信息发送到世界的各个角落。

GPS 全球定位器

GPS 的原理

GPS 的定位原理是:用户接收卫星发射的信号,从中获取卫星与用户之间的距离、时钟校正和大气校正等参数,通过数据处理确定用户的位置。而在用户的 GPS 接收装置上会出现地图和所在位置的指示。

第二代 GPS

这个系统最初是由美国陆海空三军于 20 世纪 70 年代联合研制的，后来，此系统历经 20 余年的研究实验，耗资 300 亿美元，直到 1994 年 3 月，全球覆盖率高达 98% 的 24 颗 GPS 卫星星座才正式布设完成。

▲军用 GPS

▲手机载 GPS 全球定位系统

GPS 的应用

现在 GPS 系统的应用已不再局限于军事领域内了，而是发展到汽车导航、大气观测、地理勘测、海洋救援、载人航天器防护探测等各个领域。

警方的 GPS

警方通过引入 GPS 强化防控体系，通过在重要保卫目标上安装秘密报警装置，接入移动通信短信息或者卫星跟踪等方式提供有效的安全保障。在金融网点、运钞车等要害部门使用 GPS 可以有效地遏制犯罪，让警方破案率得到提高。

▲GPS 是警方跟踪的利器

知识小笔记

GPS 不仅有我们熟知的导航等作用，很多大型的道路桥梁工程中也用 GPS 作为一种测量方式。

图书在版编目（CIP）数据

令孩子着迷的 100 种科学知识/畲田编著. —西安：
陕西科学技术出版社，2009.1（2022.1 重印）
（全景百科·学生版）
ISBN 978-7-5369-4370-4

Ⅰ.令… Ⅱ.畲… Ⅲ.科学知识—少儿读物 Ⅳ.Z228.1

中国版本图书馆 CIP 数据核字（2008）第 190214 号

全景百科·学生版
LING HAIZI ZHAOMI DE YIBAIZHONG KEXUE ZHISHI

令孩子着迷的 100 种科学知识

出 版 人	崔　斌
责任编辑	李　栋
封面设计	李亚兵

出版者	陕西新华出版传媒集团　陕西科学技术出版社 西安市曲江新区登高路 1388 号陕西新华出版传媒产业大厦 B 座 电话（029）81205187　传真（029）81205155　邮编 710061 http://www.snstp.com
发行者	陕西新华出版传媒集团　陕西科学技术出版社 电话（029）81205191　81205192
印　　刷	三河市燕春印务有限公司
规　　格	720 mm×1000 mm　1/20
印　　张	11
字　　数	183 千字
版　　次	2009 年 1 月第 1 版
印　　次	2022 年 1 月第 3 次印刷
书　　号	ISBN 978-7-5369-4370-4
定　　价	49.80 元

版权所有　翻印必究